예수님을 사랑하는 사람들

내 인생에 찾아오신 하나님, 감사합니다

예수님을 사랑하는 사람들

부평제일감리교회 창립 제40주년 기념사업위원회 엮음

파톤치드

부평제일감리교회 창립 제40년을 축하하며

1978~2018, 성도들의 믿음행전은 지금도 진행 중입니다

이천휘 목사

목회의 길은 힘듭니다. 영적인 거장이라 불린 조지 휘트필드 목사님도 이 길에 들어서면서 많은 고민과 번민 속에 있었다고 합니다.

"목회의 길에 들어선다는 것과 설교를 한다는 것에 대해 내가 얼마나 깊은 염려를 해왔는지 하나님만이 아신다. 나는 하나님께서 나를 부르셔서 그분의 사역을 하도록 밀어 넣으실 때까지도 나는 교회에서 사역하지 않게 해달라고 땀을 비 오듯 흘리며 수천 번 기도했다."[1]

하나님의 종으로 부르심을 받고 부평제일교회를 개척했을 때, 제 심정도 다르지 않았습니다. 아무것도 모르는 신출내기 전도사인 데다 교회를 세우는 일 역시 처음이었기에 두렵고 떨려 가능

---

1) 송삼용, 《영성의 거장을 만나다》, 넥서스크로스, p207, 229 참고

하면 '이 잔을 내게서 지나가게 하소서' 기도가 나오기도 했습니다. 하지만 하나님의 뜻은 견고했습니다. 그리고 알았습니다. 하나님이 계획하신 일이면 그분이 이루시고 이끌어 가신다는 것을, 그리고 우리는 그저 그분 안에만 있으면 된다는 사실을 말입니다.

제대로 된 건물 없이 가정집 마룻바닥을 성전 삼아 두셋이 모여 드리는 예배가 부평제일교회의 시작이었습니다. 40년의 세월이 흐르면서 많은 부흥과 축복을 부어주셔서 오늘의 부평제일교회를 이루게 하셨습니다. 저는 지금도 성도 한 분 한 분을 바라볼 때 하나님께서 이루어 가신 기적을 봅니다. 죄인에서 그리스도인으로 거듭나게 해주신 하나님의 온전한 사랑과 은혜를 직 · 간접적으로 체험하기에 매 순간 감격이고 감동이었습니다.

교회를 개척하고 40년이 흐르는 동안 과연 우리 교회는 하나님께서 교회를 세우신 목적에 맞게 걸어왔는지 돌아보게 됩니다.

교회라는 단어가 성경에 처음 등장했던 장면은 마태복음 16장, 예수님께서 베드로의 위대한 신앙고백을 들으신 뒤였습니다. 그때 사용한 교회라는 말은 헬라어로 '에클레시아(ecclesia)'입니다. 이 말은 종교적인 언어가 아닌 '공무의 독적으로 소집된 시민들의 모임이나 군사적 목적으로 불려 나온 군인들의 모임'입니다. 교회는 특별한 장소나 건물이 아닌 특별한 목적을 위해 불려 나온 사람들의 모임을 의미한 것입니다. 그러므로 예수님께서 교회를 세우시겠다는 의미는 '내 사람들의 모임을 만들 것이고 그 모임의 기초는 바로 나'라는 것입니다. 그런데 과연 오늘날 우리는 그에 걸맞은 교회의 의미를 제대로 실천하고 있는지 묻게 됩니다.

안타깝게도 중세시대로 이어지면서 교회는 겉으로 보이는 웅장한 건물로 전락했습니다. 화려한 복장과 거창한 장식 등에 의존하게 되어 공공건물이나 집회장을 의미하는 '키르케'가 되었습니다. 그리고 그 영향이 오늘날에도 이어지고 있습니다. 물론 하나님의 개입으로 교회가 각성하고 박해 받음으로 회중으로서의 교회로 회복되었습니다. 하지만 교회가 걸어온 발자취 속에 변질된 교회의 의미가 있는지 견제해야 할 거로 생각합니다.

저는 늘 부평제일교회가 예수가 중심이 되는 모임인지 묻습니다. 아마도 그 답은 신학자 헤르만 바빙크가 이 시대 교회가 나아가야 할 바에 대해 말했던 것에서 힌트를 얻을 수 있을 것 같습니다.

"교회란 지속적으로 잡초를 뽑아야 할 밭이고, 때를 따라 가지치기를 해야 할 나무이며, 항상 인도를 받고 돌봄을 받아야 할 양떼고, 계속 건설되어야 할 집이며, 신랑에 대해 정결한 처녀로 준비 되어야 할 신부다. 교회 안에는 병든 자들, 죽어 가는 자들, 시험 받은 자들, 슬퍼하는 자들, 씨름하는 자들, 시련 당하는 자들, 의심하는 자들, 타락한 자들, 갇힌 자들 등이 있어서 가르침과 교육, 권면과 위로가 필요하다. 심지어 이 외에도 교회는 주예수 그리스도를 아는 지식과 은혜 안에서 성장해야만 한다.”

부평제일교회를 허락하신 하나님은 교회의 문을 굳게 닫아걸고 높은 담장 속에 머물게 하지 않으셨습니다. 세상을 향해 문을 열고 가능한 많은 이들이 예수가 답이 되는 교회를 맛보게 하셨습니다. 날마다 마주하는 문제의 해답이 예수가 됨을 보여 주셨습니다. 예수 그리스도와 접촉할 수 있는 소망의 근원지로 교회를 견고히 하셨습니다.

교회 창립 40주년을 맞아 가장 기억에 남는 교회 사역으로 성도 대부분이 중국 선교를 꼽습니다. 중국 선교를 통해 세상을 향해 마음껏 복음을 외치고 예수를 자랑하는 교회로 전진하게 하셨습니다. 고여 있는 물이 아닌, 박제된 그리스도인이 아닌 세상으로 복음을 들고 나가는 교회가 되게 하신 하나님의 은혜와 인도하심에 감사합니다.

40세라 하면 불혹, 즉 주변의 상황에 흔들리지 않는 나이라고 합니다. 저는 이 말이 교회에도 해당하는 말이라고 생각합니다. 40년 세월을 지나오면서 우리 교회만의 역사를 쌓았고 다양한 변화와 혁신을 이루기도 했습니다. 하지만 복음이라는 주춧돌,

예수라는 모퉁잇돌이 흔들림 없이 우리 교회를 지키고 있었기에 40년의 역사가 더욱 견고할 수 있었습니다. 불혹, 어떤 유혹과 시련에도 흔들리지 않고 믿음을 지켜가는 교회가 되기를 기도합니다.

이번 교회 창립 제40주년을 기념하여 우리 교회의 근간이 되어준 성도들의 믿음행전을 한 권의 책으로 펴낼 수 있게 하신 하나님께 영광 돌립니다. 이 책은 은혜 아니면 살 수 없는 그리스도인의 삶을 진솔하게 고백하는 것으로, 지금까지 개개인에게 또 교회에 매 순간 임했던 하나님의 따뜻한 위로와 말할 수 없는 은혜, 뜨거운 사랑과 인도하심의 기록입니다.

오로지 하나님만 영광 받으시길 기도합니다.

창립 제40주년 간증집 발간을 기념하며

하나님의 일을 해나갈
소중한 지체의 모임

홍범선 장로

부평제일감리교회 창립 제40주년 기념사업의 하나인 간증집 발간 책임을 맡으면서 두려운 마음이 컸습니다. 고민이 되기도 했으나 기도하며 시작했고 이 일을 잘 갈무리하게 되었습니다. 함께하신 하나님께 감사드립니다.

이 작업을 통해 성도님들이 만난 하나님에 대하여 들을 수 있었습니다. 그분들의 신앙 고백을 들을 기회를 주신 주님께 감사드립니다. 성도들의 간증을 통해 제 가슴이 뜨거워지고 은혜가 가득한 시간을 보냈습니다. 만남과 섭외, 인터뷰와 정리를 이어가는 넉 달여의 시간이 참으로 소중했습니다. 이 일을 동참하게 하신 이유가 분명해지는 시간이었습니다.

하나님은 이 간증집을 통해 성도 한 사람 한 사람이 교회를 이

루는 소중한 지체라는 것을 보여주시고자 했던 것 같습니다. 고
린도전서에 말씀하신 것처럼 하나님께서 모으신 믿음의 공동체
는 개별적이지만 하나가 되는 것, 각 지체를 은사대로 사용하고,
그 은사가 다르지만 결국 모두가 그리스도의 몸으로 하나라는 것
을 알려주신 것입니다.

> "만일 발이 이르되 나는 손이 아니니 몸에 붙지 아니하였다 할지
> 라도 이로써 몸에 붙지 아니한 것이 아니요 또 귀가 이르되 나는
> 눈이 아니니 몸에 붙지 아니하였다 할지라도 이로써 몸에 붙지 아
> 니한 것이 아니니"(고전 12:15~16)

결코 떨어질 수 없는 존재, 이것이 그리스도의 몸인 우리의 모
습입니다. 그만큼 오늘날 부평제일교회 역시 모두가 소중하고,
하나님의 일을 해나갈 소중한 지체의 모임이란 것을, 평범하지만
은혜로운 간증을 통해 상기시키려는 게 아닐까 생각합니다.

세상에 간증은 참 많습니다. 하나님은 이 시간에도 기적을 행
하십니다. 그중에는 모두가 놀랄 만한 기적도 있고 신묘막측한
간증도 있습니다. 사람들은 아무래도 그런 간증에 끌릴 것입니
다. 그래선지 간증을 요청했을 때, 많은 분이 어려워했습니다. 하
지만 '내가 만난 하나님'을 고백하는 것이기에 놀라움의 경중을

떠나 누구에게나 하나님을 만난 경험은 의미가 있다는 말에 선뜻 나서 주었습니다.

책에 실린 성도들의 이야기는 그야말로 믿음으로 써 내려간 믿음행전입니다. 교회의 한 지체로서 보이지 않는 곳에서 열심히 하나님 일을 해 온 이들의 신앙의 고백이고, 삶 속에 철저히 개입하셔서 삶의 목적과 방향을 바꿔놓으신 하나님에 대한 기록입니다. 그리고 세상과 구별된 그리스도인으로 거듭나 세상으로 복음을 들고 외치는 자들의 승전가입니다.

모쪼록 이 책으로 우리 부평제일교회 지체들의 신앙이 성장되기를 바랍니다. 또한 삶의 목자가 되어 향기 나는 그리스도인의 삶으로 인도받는 아름다운 도전이 되길 기도합니다. 나아가 우리 부평제일교회에 더 많은 간증이 넘쳐 믿음의 행전을 쓰는 성도들이 넘쳐나길 기도합니다.

마지막으로 이 책을 발간하기까지 애써주신 분들에게 감사를 전합니다. 창립 40주년 기념사업의 하나로 간증집 발간을 기획하고 의견을 주신 이천휘 담임 목사님과 부평제일교회 목회 사역자들, 자신의 비밀스러운 이야기까지 아낌없이 꺼내주시며 하나님께 영광을 올려주신 열여덟 분께 진심으로 감사드립니다.

목차

아브라함이 그 땅 이름을 여호와 이레라 하였음으로
오늘날까지 사람들이 이르기를 여호와의 산에서 준비되리라 하더라

창세기 22:14

여호와 이레

우리 삶을 준비하신
하나님의 은혜

나의 갈 길을 주님이 아시나니

한재룡 장로

부평제일교회 창립 40주년을 기념한 책에 동참하게 된 것은 하나님께 영광입니다. 부족한 제가 이 교회에 등록한 후 40년, 교회와 세월을 함께해 왔으니 그 자체만으로도 감격입니다. 오늘까지 교회와 동행하게 하신 주님께 감사드립니다. 교회가 세워지고 몇 개월이 지나 교회에 등록한 후, 부평제일교회는 제 신앙생활의 반석이 되었습니다. 신앙에 있어 떼놓을 수 없는 관계였습니다. 하여 이곳에서 신앙생활을 하면서 만난 하나님, 그 하나님이 오늘날 나의 삶을 이루기까지 어떻게 길을 예비 하셨는지 나누고 싶습니다.

가난한 시골 소년을 향한 계획

대전에서 보낸 유년 시절은 그립지만 아픈 시간이었습니다. 시골에서 태어나 자란 저는 집안이 부유하지 않았습니다. 하지만 공부를 놓지 않았습니다. 대전이 아주 시골은 아니었기에 도시 문명이 꽤 유입되어 있었습니다. 대전 시내에는 교회도 꽤 많이 세워졌습니다. 동네마다 교회가 있었던 것으로 보아 여러 교단에서 국내 선교에 열심을 내며 교회를 세웠던 것 같습니다. 덕분에 어린 시절부터 교회 종소리를 듣고 살았습니다.

"재룡아, 누나 따라 교회 가자."

어느 날 큰 누님이 제 손을 잡고 동네 교회에 나가게 된 것이 신앙생활의 시작이었습니다. 어린 마음에도 교회가 좋았습니다. 당시 시골 교회는 세상 문화보다 앞섰기에 교회에서 새롭게 경험하는 것들이 많았습니다. 또 또래 친구들과 선생님들과 보내는 시간이 즐거웠습니다. 물론 우리 가정은 전형적인 유교 가정이었기에 교회에 대해 잘 알지도 못하고 예수님이란 존재를 몰랐습니다. 하지만 큰 누님과 제가 교회를 다니는 것을 크게 반대하지는 않았습니다. 초등학교 1학년 때부터 다니기 시작한 교회에서 신앙의 뿌리를 내리며 성장했고 차츰 은혜에 젖어갔습니다.

중고등부에 올라가서는 학생회장을 맡아 학생부를 이끌며 각종 교회 행사를 진행했습니다. 신앙 성장을 위해 수련회는 물론 기도원을 다니며 기도했습니다. 그때 가슴이 뜨거워지는 신앙 체험을 하지는 않았지만, 하나님이 계신다는 확신이 있었습니다. 지금도 새벽마다 기도회를 다니며 예배드린 것, 기도원에 올라가 나라를 위한 기도를 드린 기억이 납니다. 또한 친구 어머니께서 교회 마룻바닥에 앉아 뜨겁게 기도하시는 모습을 보며 은혜를 사모했던 기억도 있습니다. 이것들은 제 신앙생활의 긍정적인 영향을 주었습니다.

교회에서 지내는 시간은 언제나 즐겁고 좋았지만, 집으로 돌아오면 현실의 장벽이 기다리고 있었습니다. 넉넉하지 못한 집안에 장남인 저는 부담감이 있었습니다. 게다가 술 드시는 아버지와 신앙적으로 갈등했습니다. 가정의 미래 역시 밝지 않겠다는 불안함도 있었습니다. 그 때문인지 더욱 공부어 대한 꿈을 품고 청소년기를 보냈습니다.

하지만 그런 계획도 잠시, 저희 집안에 큰 어려움이 다가왔습니다. 어느 날 선생님이 부르셔서는 빨리 집에 가보라고 하셨습니다. 불안한 마음으로 집으로 뛰어가 도착해 보니 가족 모두 근심이 한가득했습니다.

"아휴. 쯧쯧. 너희 아버지 불쌍해서 어쩌냐?"

아버지께서 중풍으로 쓰러지신 것이었습니다. 지금이야 의학이 발달해서 재빨리 손을 써 고치기도 하지만 그때 중풍은 거의 자리보전을 하다가 생을 마치는 중병이었습니다. 쓰러진 아버지를 바라보며 저는 절망감에 제대로 서 있을 수 없었습니다. 한 집 안의 가장이 쓰러졌다는 것은 가문의 쇠락을 의미했고 가장을 대신할 사람이 장남인 저라는 것을 알았기에 더욱 낙담했습니다. 예수님께서 왜 내게 이런 고난을 주시나 싶었습니다.

이제 겨우 열일곱인 소년이 갑자기 집안의 가장이 되니 정신이 번쩍 들었습니다.

'주님, 저는 어떻게 살아야 하나요?'

그 길로 일반 고등학교로의 진학을 포기하고 야간 상업고등학교에 들어갔습니다. 낮에는 돈을 벌어야 했습니다. 학력도 경력도 변변찮은 열일곱 살 소년이 일할 곳은 없었습니다. 다행히 학교장의 추천을 받아 대전 검찰청에 들어갈 수 있었습니다.

"어이, 고등학생! 일 잘할 수 있겠어?"

"네, 열심히 배우겠습니다."

그날부터 시작된 주경야독은 졸업할 때까지 이어졌습니다. 1971년 시작한 검찰청 생활은 녹록지 않았습니다. 수많은 사건과 재판, 피의자, 피해자가 드나드는 곳이었기에 분위기가 엄중했습니다. 법을 다루는 곳이라 일에 대해 철저했습니다. 실수가 용납되지 않는 곳에서 가난한 시골 소년은 사무 보조 일을 하게 되었습니다. 후에 저는 하나님이 저를 위해 그곳을 준비하셨다는 것과 나를 그곳에 보낸 이유를 알게 되었습니다.

준비된 만남

"이봐 한 군, 오늘 타이핑 좀 해줄 수 있나?"

"예, 검사님. 제가 해놓겠습니다."

"근데 자네 학교 간다고 하지 않았나?"

"야간고등학교 다닙니다. 그런데 괜찮습니다. 얼른 해 놓고 뛰어가면 됩니다."

"그래? 하하. 고마워."

대전지방검찰청 서무과에서의 생활은 바쁘고 고되었습니다. 타이피스트가 있었지만 일이 많아 사무보조를 맡은 제게 문서 작성을 부탁하는 경우가 많았습니다. 검사실, 수사과 등 많은 부서에서 부탁받은 문서가 늘 산더미처럼 쌓여 있었습니다. 어린 나이였지만 한눈에 봐도 검찰청에서 취급하는 일은 촌각을 다투는 중차대한 일이었기에 시간을 맞추는 게 중요하다고 판단했습니다. 열심히 일을 배우고 도와드렸더니 많은 분이 신임해 주셨습니다. 당연히 일을 부탁하는 분들이 늘어갔습니다.

검찰청 내에서 인기도 꽤 많아졌습니다. 한번 맡긴 일은 끝까지 한다는 소문이 나서 1호 검사실부터 8호 검사실까지 제게 타이핑을 맡겼습니다. 그 덕에 법과 친하게 되고 일하면서 법률 상식을 쌓았습니다. 책임감을 인정받아 검찰청 내부의 많은 분과 교류하게 되었습니다.

그러면서 하나님은 인생의 멘토를 만나게 하셨습니다. 1973년 근무하게 된 검사실 5호, 현경대 검사님입니다. 신앙인의 본을 보여주신 분입니다. 독실한 크리스천이셨던 현 검사님은 어려운 시절을 딛고 검사가 되셨기에 검찰청을 드나드는 이들을 사랑의 눈으로 바라보셨습니다. 포도 서리로 학생 다섯 명이 구속될 처지에 놓였을 때, 직접 나서서 그들을 감싸주시며 훈방 조치하셨고, 가정의 생계를 책임지던 젊은 여자 택시 기사가 실수로 노인을 치어 피해자들과 합의를 못 해 구속 위기에 처했을 때, 판사에게 선처를 부탁한다는 말과 함께 공탁금까지 주면서 석방되도록 도왔습니다. 죄를 벌하는 입장에 있지만, 그리스도의 사랑으로 따뜻한 인간미를 보여주셨습니다.

저에 대해 안타깝게 여기는 마음도 크셨습니다. 자신이 어려운 환경을 딛고 검사가 된 만큼 제게도 꿈을 꾸고 살라는 말씀을 자주 해주셨습니다. 성실하게 일하고 신앙생활까지 하는 모습이 대견하다며 고등학교를 졸업했을 때, 풍한방적주식회사에 추천서까지 써주며 격려해주셨습니다.

"이봐 한 군, 앞으로 새로운 세계가 펼쳐질 거야. 넓은 세계에서 멋진 일을 해보게."

"감사합니다. 검사님, 이 은혜 잊지 않겠습니다."

"나한테 은혜 갚을 생각 말고 자네보다 어려운 사람을 위해 살면 되네."

현 검사님은 회사에 추천서와 함께 재정보증까지 해주셨습니다. 당시 조금 큰 회사에 입사할 때는 가족이나 친지가 재정보증을 서야 했는데, 우리 집 형편을 아시고는 재정보증을 해주신 것입니다.

'아! 하나님을 믿는 삶이 이런 거로구나.'

가슴이 뭉클해지면서 눈시울이 뜨거워졌습니다. 어떻게 살아야 할지 생각이 정리되는 시간이었습니다. 현 검사님의 배려로 입사한 회사는 우리나라에서 23번째로 수출을 많이 하는 무역회사였습니다. 한창 무역업이 붐일 때, 2년간 상사맨으로서 많은 일을 배웠습니다. 해외를 다니며 물건을 수입하고, 수출하는 일을 관리하면서 무역 일을 배웠습니다. 현 검사님의 조언대로 앞으로 무역업에 붐이 일어날 것이기에 그쪽 관련 일을 하는 꿈을 갖게 되었습니다. 주님께 기도하며 그 일을 준비해 나갔습니다.

가족 구원을 위한 준비 하심

"아버지, 예수님 믿으세요."

"……"

"네? 아버지. 저희가 믿는 하나님을 아버지도 믿으셔야 해요. 그래야 아버지께서 구원받고 천국 가실 수 있어요."

"… 알았다."

"정말이죠? 아버지, 하나님을 믿으시죠?"

"그…래."

아버지가 예수를 구주로 시인할 때, 말할 수 없이 감격스러웠습니다. 아버지가 하나님의 자녀가 되시다니 믿기지 않았습니다. 어릴 때 누나 따라 교회 갔다 오면 아버지는 늘 못마땅해하시며 비난하셨습니다. 부모님의 따가운 눈총이 신경 쓰이지 않는 건 아니었지만 그럴수록 기도원에서, 부흥회에서 부모님의 구원을 놓고 기도했습니다.

하지만 아버지는 예수를 구주로 영접하지 않고 병석에 누워 12년을 고생하셨습니다. 본인 스스로 느끼는 좌절감과 비참함이 컸으리라 생각됩니다. 집안의 가장으로서 가문을 일으키지는 못할지언정 가족에게 폐가 된다는 생각에 점점 위축되어 가셨던 것입니다. 특히 어린 나이에 집안의 가장이 되어 집안을 책임져야 하는 저에 대한 미안함도 컸던 것 같습니다. 사회로 나가 회사 일을 하며 무역을 배우고, 얼마 뒤 작게나마 사업을 하면서 아버지를 모시자 아버지는 더욱 작아지셨습니다.

"아버지, 예수님 영접하세요. 저랑 함께 교회에 가요."

인천에 올라와 단칸방에 아버지를 모시고 살면서 계속 전도했습니다. 그러면서 어느 순간 아버지의 표정이 변화되었습니다. 말투가 어눌하고 행동이 느렸지만, 고개를 끄덕거리시며 그러자는 것이었습니다.

"너나 큰누이를 보니 예수를 믿기는 믿어야겠구나."

어느 순간 아버지의 강팍한 마음이 녹고 하나님을 믿겠다는 고백을 하시자, 뛸 듯이 기쁜 마음으로 교회로 모시고 갔습니다. 그 길로 아버지는 주님을 구주로 영접하셨고 성도가 되셨습니다. 더욱 놀라운 것은 아버지는 당신을 보러오는 가족 친지들에게 예수를 믿으라고 권하셨다는 것입니다.

"예수 믿어. 예수를 믿으라고. 내가 우리 애들 때문에 예수를 믿게 됐는데 내 평생에 제일 잘한 일이야."

12년간 중풍으로 고생하신 아버지의 입술에서 예수만이 인생의 답이라는 고백이 나왔을 때 하나님께서 왜 어린 시절 힘들게 하시며 이 길을 걷게 하셨는지 알 수 있었습니다. 아버지를 쓰러뜨려 우리 집안을 어렵게 하시고, 나를 왜 힘든 길로 걷게 하셨는지 깨닫게 하셨습니다.

하나님은 아버지를 구원하기 원하셨습니다. 그 영혼의 구원을 위해 병을 주셨고 가난하게 하셨고 고난의 통로를 지나게 하신 것입니다. 이것을 깨달으니 저절로 감사가 나왔습니다.

"하나님, 과연 하나님은 구원을 위해 지금까지의 과정을 준비하셨군요. 정말 감사합니다. 모든 것이 은혜입니다."

아버지를 보면서 저는 하나님이 한 영혼을 얼마나 사랑하시는지 알 수 있었습니다. 그러니 신앙생활을 허투루 할 수 없었습니다. 수십 년을 기다리며 환경과 상황을 만들어 가시는 그분의 노력과 사랑에 어찌 하찮은 피조물이 대충 믿을 수 있겠습니까? 그래서 더욱 교회에서 맡긴 일에 충성하고, 하나님과의 교제에 집중했습니다.

사업을 통해 만난 하나님

하나님은 제게 사업의 길도 열어주셨습니다. 우리나라에서 손꼽는 무역회사에서 일하면서 하나님께서는 넓은 세계를 볼 수 있게 하셨습니다. 그리고 대학에서 유통을 전공하며 회사를 옮기게 되었습니다. 대한통운 협진주식회사에 수석합격으로 입사한 것입니다. 김포공항에서 통관 업무를 맡다 보니 자연스럽게 세계의 물자가 들고나는 과정을 알게 되었습니다. 이것을 지켜보며 무역업에 대한 소망이 더욱 확고해졌습니다.

당시 회사 생활을 위해 지금의 부평제일교회 옆 단칸방을 얻어 생활할 때였습니다. 가진 것도 없고 경험도 많이 부족했지만 하나님께 기도하며 매달렸습니다.

'하나님, 부족하지만 하나님께서 준비해주실 것을 믿고 갑니다.'

당시는 부평제일교회에 출석한 지 얼마 되지 않았을 때였습니다. 이천휘 목사님(당시 전도사님)께서는 한 영혼을 천하보다 귀하게 여기신 예수님의 말씀을 그대로 실천하시듯 성도의 사정을 알고 기도해주셨습니다.

당시 우리나라는 중국과 수교를 맺기 전이었습니다. 통관 업무를 통해 중국 물자가 들어오는 것을 보면서 중국을 마음에 품게 되었습니다. 아직 수교 전인 중국에서 물건을 수입해 오기 위해 노력했습니다. 주변에서는 그게 되겠냐며 말렸지만 제 안에는 믿음이 있었습니다. 지금까지 제 인생을 인도하신 하나님 때문이었습니다. 믿음을 갖자 거짓말처럼 일이 풀렸습니다.

"검사님, 접니다. 검사님께서 제게 세계를 다니며 일을 하라고 하셨잖습니까. 그 말씀처럼 이번에 중국을 상대로 무역업을 시작할까 합니다."

"그래? 정말 잘됐네. 중국이라…. 아직 수교 전이지만 충분히 가능하지. 내가 어떻게 도움을 주면 되겠나?"

현 검사님을 비롯하여 검찰청에서 근무할 때 알고 지낸 검사님과 관계자분들, 세관 업무 종사자들 등 인연을 맺던 분들과 연결이 되었습니다. 성실했던 청년으로 저를 기억하는 분들은 어떻게든 도움을 주고 싶다며 나서주셨습니다. 그렇게 중국 무역의 길이 열렸습니다.

태어나 한 번도 가 본 적이 없는 중국으로 가던 날, 저는 간절히 기도했습니다. 이 길이 아니면 다른 길이 없다는 심정으로 매달렸습니다. 그 간절함은 평안함으로 다가왔습니다. 낯설고 물선 중국, 누구 한 사람 안내해줄 사람도 없습니다. 무작정 좋은 물건이 있는 곳을 찾아가 계약을 맺고 물건을 들여와야 했습니다. 게다가 그곳은 공산 정권이라 더욱 담대함이 필요했습니다.

'주님, 지금 제가 중국 사람을 만나러 갑니다. 좋은 인연을 허락해 주시고 이 만남을 통해 하나님이 드러나기를 기도합니다.'

기도하는 심정으로 중국 바이어를 만났습니다. 하나님께서 준비하신 만남이란 확신이 들 정도로 일이 착착 진행되었습니다. 그 길로 중국 현지에서 핸드메이드 자수 제품과 중국풍의 물건들을 한국으로 들여왔습니다.

국내로 들여온 제품들의 판로를 뚫는 과정 역시 하나님이 은혜를 부어주셨습니다. 1980년대, 우리나라 경제는 한창 성장기였습니다. 백화점 등 여러 매장에서 소비되는 물건이 다양화되는 시점이었습니다. 한 번도 보지 못한 중국의 제품들을 들여와 전시·판매하자는 제안에 국내 백화점은 반색하며 맞아주었습니다. 국내 굴지의 롯데백화점에 물건 입점을 계약하고 중국 핸드메이드 자수 제품, 비단, 식탁보 등을 판매했습니다. 지경을 넓혀 중국 외에 동남아시아에서 들여올 수 있는 물건도 생각했습니다. 태국의 악어 가방 등 다양한 물건을 들여오기 시작했습니다.

"아니 한 사장님, 정말 아이디어 좋으세요. 요즘 같은 세상에 어떤 물건을 선점하느냐가 중요한데 어떻게 그런 생각을 하셨어요?"

"하나님께서 도와주셔서 한 일입니다."

저도 모르게 이런 고백이 나왔습니다. 사업은 제가 생각했던 것보다 훨씬 지경이 넓어졌습니다. 단칸방에서 끼니를 걱정하며 살던 시절에서 재정이 넘쳐흐를 수 있는 상황까지 만들어주셨습니다. 무엇보다 수교 전인 중국에서 물건을 들여왔다는 점을 높이 평가받아 백화점 측의 프러포즈로 중국 상품 전시회도 개최하게 하셨습니다. 국내에서 관리하는 매장이 전국으로 확대되었고 전 세계를 다니며 무역업을 할 수 있게 하셨습니다. 물론 사업을 40년 가까이 해 오면서 굴곡도 있고 어려운 일도 많았습니다. 하지만 의연하게 견딜 수 있었습니다. 제게 많은 재정을 허락하실 때는 그 재정이 흘러가야 할 곳이 있음을 알고 흘려보냈고, 재정이 허락지 않을 때는 어려움 가운데 하나님을 더욱 바라보았습니다. 그랬기에 지금껏 일할 수 있었습니다.

교회와 동행한 40년

어려운 청소년기를 보내고, 사회로 나와 무역업을 개척하는 과정을 돌아보면 순간순간 하나님의 예비하심을 느낍니다. 적절한 상황을 만드시고 필요한 사람을 만나게 하신 것부터 하나님의 계획입니다. 하나님의 타이밍으로 저를 그 만남과 상황이 맞아

떨어지게 하셨습니다. 신앙생활에서도 그러셨습니다.

인천으로 와 작전동에 살 때, 저는 가정을 꾸린 지 얼마 되지 않았습니다. 병석에 있는 아버지와 조카 둘까지 데리고 단칸방에서 살았습니다. 앞날은 캄캄했고 살아갈 길은 막막하던 때, 개척한 지 얼마 되지 않은 부평제일교회로 인도하셨습니다. 교회 건물도 없이 가정집 마룻바닥이 예배당이었습니다. 마당에 천막을 쳐놓은 곳이 교회였습니다. 이천휘 목사님께서 전도사님으로 열심히 목회하는 모습을 보며, 비슷한 연배인 저는 이곳으로 인도하신 하나님의 뜻이 있겠다고 생각했습니다.

개척교회로서 어려움이 많았지만 헌신하신 분들로 아름답게 성장해 나가고 있었습니다. 처음에는 그저 한 사람의 나그네 교인이었지만 서울로 이사한 후 1년간 공백기를 갖고 다시 부평제일교회로 걸음 하게 하셨습니다.

서울에서 1시간 반 이상 차를 타고 다시 찾아온 교회, 사람과 건물은 그대로였지만 제 마음이 달라졌습니다. 신앙생활이 즐거웠습니다. 젊은 목사님과 동역하는 심정으로 교회 일에 적극적으로 참여했습니다. 허허벌판에 세워진 교회, 공중전화도 없고 교인 한 가정의 대소사까지 알고, 교회에 정착시키기 위해 이삿짐을 날라주고, 아플 때 약국까지 달려가 약을 사다주는 등…. 하나님이 영혼을 귀하게 여기셨던 것처럼 교인들을 귀하게 여기며 목사님과 함께했습니다.

교회를 건축할 때 교인들 모두 뜨거운 성령을 받았기에 두 렙돈을 내는 심정으로 건축을 위해 헌신했습니다. 저 역시 어려운 가운데 집 보증금을 드렸습니다. 하나님은 그 과정에서 결코 공짜가 없음을 보이셨습니다. 교회를 부흥케 하셨고 개인적으로는 제 사업을 재정적으로 축복하시어 그 축복을 신앙 공동체 안에서 나눌 수 있게 하셨습니다.

1991년 이른 나이에 장로라는 중책을 맡게 하신 것도 큰 은혜였습니다. 무조건 순종하는 마음으로 담임 목사님의 피택을 받고, 하나님께 드린 기도는 하나였습니다. 담임 목사님께서 사역하실 때 동역자의 심정으로 서겠다는 것. 그로 인해 부평제일교회가 40년 역사를 그려오는 동안 놀라운 역사가 임하는 순간순간을 함께할 수 있었습니다. 교회 일을 하다 보니 감리교단의 일도 하게 되었습니다. 기독교대한감리회 남선교회 전국연합회 회장, 세계성시화운동본부 중앙공동회장, 세계감리교협의회 남선교회 부회장 등을 맡았습니다. 평신도 사역을 통해 하나님은 지경을 넓혀주셨습니다.

"장로님, 감리교단에서 평신도 사역하실 분들이 많이 필요해요. 내 교회만 잘돼야 한다는 생각에서 벗어나야 해요. 교단 전체적인 사역이 많잖아요. 그 일을 잘 감당하세요. 그동안 우리 교회 대소사 참여하시느라 바깥일을 못 하셨으니 이젠 큰 틀에서 교회 전체를 바라보고 하나님 일을 하는 것도 성도들에게 본이 될 수 있습니다. 저는 장로님을 지지합니다."

감리교단에서 일하는 장로로 지경을 넓혀주셨던 것도 하나님의 준비하심이라고 생각합니다.

특히 40년의 사역 중에서 가장 개혁적이고 혁신적인 사역은 중국 선교였습니다. 일찌감치 중국에 비전을 품고 계신 담임 목사님은 중국 삼자교회를 통해 선교의 선구자로 앞장서셨습니다.

하나님은 중국의 사정을 알고 있는 저를 붙여서 중국 선교 사역을 돕게 하셨습니다. 오늘 이 사역을 함께하시기 위해 하나님께서는 저를 수십 년 전부터 어렵게 중국을 다니며 무역업을 하게 하셨고 현지인들과 관계를 맺게 하신 것입니다.

현지에서 만난 중국인들의 뜨거운 신앙의 고백, 우리나라 1960~70년대 허름한 교회를 연상시키는 분위기와 성도들을 만나, 누구보다 뜨거운 그들의 신앙 앞에 귀한 도전을 받았습니다. 중국 선교를 통해 받은 은혜가 너무 컸기에, 교회가 건축을 앞두고 재정적인 어려움이 있지만, 중국 선교는 해야 한다는 목회 철학에 동의할 수 있었습니다.

돌이켜보면 부평제일교회에서 신앙생활 했던 40여 년은 여호와 이레 되신 하나님을 전적으로 체험하는 시간이었습니다. 지금도 저는 우리 교회 부흥회 날 잃어버린 제 큰아이를 찾기 위해 온 성도가 기도했던 사랑을 잊지 못합니다. 그 기도로 아이를 찾았고 성장한 아이가 어느덧 결혼해서 3대가 이 교회를 섬기고 있습

니다. 선임 장로로서 받은 은혜를 성도들과 나누고 교회가 올바
른 방향으로 갈 수 있도록 노력하고, 담임 목사님이 외롭게 사역
하지 않도록 곁에서 늘 지원하겠습니다. 그래서 교회가 교회답게
후대에 이어져 가기를 바랍니다.

02

나의 나 된 것은
하나님 은혜라

조계자 권사

사과 한 알에서 시작된 질문

초등학교 3~4학년쯤, 특별한 질병은 아닌데 이상하게 몸이 아팠습니다. 전라남도 순천 쪽 작은 동네에 살았기에 의료 시설도 변변치 않아 치료도 받지 못했습니다. 어느 날 우리 동네로 들어와 살게 되신 아저씨께서 자기 집 마당에 심은 사과 하나를 따서 내게 건네주셨습니다.

"아가, 이거 좀 먹어봐라."

순천이 과일 농사 특히 사과가 나는 곳이 아니었기에 처음 보는 사과를 신기해하며 받았습니다. 탐스럽게 생기지는 않았지만 상큼한 향을 맡으며 사과를 한 입 베어 무는데 아삭하고 무척 새콤했습니다.

사과 하나를 먹고 나서 아픈 것이 나았습니다. 사과 때문에 병이 나았는지 나을 때가 되어 나았는지는 모르겠지만 어쨌든 그 사과는 제 인생에 큰 의미로 다가왔습니다.

'이 사과를 만든 분은 누굴까?'

그때부터 시작된 물음은 꼬리에 꼬리를 물고 생각을 이어가게 했습니다. 저는 세상 만물을 지으신 신이 존재한다고 결론 내렸습니다. 그때는 하나님의 존재를 잘 몰랐기 때문에 그저 조물주가 존재한다고만 확신했습니다.

저는 창조가 궁금했고 마침내 그 신에 대해 알 수 있는 교회를 다니게 되었습니다. 재 너머에 있는 교회를 다녔는데 전형적인 유교 분위기가 있던 집안 어르신들의 반대가 있었습니다.

"아니 집안 말아먹으려고 그런 델 다니냐? 안 된다."

워낙 완강하셔서 몰래 교회에 나갔습니다. 어린 나이에 동네 친구들과 함께 어른들 눈을 피해 담을 넘어 교회에 가서 예배를 드리고 집에 오는 수고를 했지만 즐거웠습니다. 크리스마스 같이 중요한 행사가 있을 때면 밤늦게까지 준비를 했습니다. 집에 돌아올 때면 전도사님이 집까지 바래다주며 성경 이야기를 해주셨습니다.

한참 뒤에 제가 교회를 나간다는 사실을 집안에서 알게 되었지만 크게 혼이 나지는 않았습니다. 어른들이 저의 열심을 좋게 보셨던 것 같습니다. 또한 하나님께서 어른들의 강퍅한 마음을 누그러뜨리셨던 것 같습니다.

스무 살이 되어 사회로 나오면서 저는 어린아이 신앙에서 벗어났습니다. 광주에서 직장생활을 하면서 제 맘속에는 하나님에 대한 물음이 끊임없이 생겼습니다.

하나님을 찾아가는 과정에서

'하나님, 하나님을 만나고 싶습니다. 당신은 누구십니까?'

이런 마음의 소원이 강해지자 성당을 찾아갔습니다. 당시 집 근처에 성당이 있었는데, 성당의 경건한 분위기가 좋았습니다. 또 적당히 신자들과 거리를 두는 게 편했고 스스로 하나님에 대해 알 수 있을 것 같았습니다. 사람들이 어떤 계기로 하나님 앞에 간 것과 달리 저는 스스로 하나님의 존재를 궁금해하며 하나님께 나아갔습니다. 그런데 하나님과 일대일 교제를 즐겨했기에 다른 교인들과의 교제에는 그다지 신경 쓰지 못하는 이기적인 면도 있었습니다. 이기적인 면은 결혼 후 시아버님의 부탁으로 온 집안이 기독교인이 되었을 때도 이어졌습니다. 세상이나 이웃과 마음의 벽을 쌓고 사랑 없이 살았습니다.

1991년, 효성동으로 이사하면서 여러 교회를 둘러보았습니다. 주변에서 부평제일교회를 추천했는데 분위기가 성당과 비슷했습니다. 400여 명의 교인이 가족 같은 분위기로 거룩하게 예배 드리는 모습에 이끌려 이 교회로 결정했습니다. 그리고 그때부터 하나님께서는 제 인생에 철저히 개입하셨습니다.

결혼 후 수년 동안 제 인생은 평탄했습니다 생활은 안정되었고 자녀들은 잘 자랐습니다. 저는 그 평안함이 깨질까 두려웠습니다.

'주님, 이런 행복을 주셔서 감사합니다. 이 행복이 깨지지 않게 해주세요. 만약 이 행복을 가져가시면 전 하나님을 믿지 않을 거예요.'

조건을 거는 협박 비슷한 기도였습니다. 그런데 웬일인지 평안이 조금씩 깨지기 시작했습니다. 남편은 다니던 직장을 그만두고 사업을 하겠다고 선언했습니다. 결혼 후 남편은 교회를 다녔지만 남편은 그저 교회에 왔다 갔다 하는 식이었습니다. 예배 중심의 삶이 아니었습니다. 남편은 어릴 때부터 편도염을 앓았습니다. 1년에 서너 차례 편도가 부어 심하게 고생했습니다. 편도가 부으면 고열로 쓰러지기도 했습니다. 직장생활 때문에 어쩔 수 없이 음주를 하면, 증세가 더욱 심해졌습니다.

어느 날, 남편이 허리가 아파 허리 수술을 위해 병원에 입원했습니다. 부평제일교회의 사모님이 심방을 오셔서 교회 등록도 하지 않고 뜰만 밟던 남편을 위해 간절히 기도해 주셨습니다. 남편의 수술한 부위가 회복되고 고질적인 편도염도 고쳐달라고 기도해 주셨습니다.

"그나저나 성도님, 교회 등록하셔야죠. 하나님께서 성도님을 기다리고 계십니다."

"… 네. 알겠습니다."

남편은 얼떨결에 약속했고 퇴원 후 교회에 등록하고 정식 교인이 되었습니다. 놀랍게도 그날 이후 편도염을 앓지 않았습니다. 하나님이 친히 만져서 고치셨다는 확신이 생기자, 더욱 하나님을 의지하게 되었습니다.

하지만 남편이 안정된 직장을 그만두고 사업을 하겠다고 나섰을 때, 불안한 마음이 들어 기도해야겠다고 생각했습니다. 당시 아무것도 몰랐지만, 새벽 미명에 기도하신 예수 그리스도의 모습을 떠올리며 새벽 기도를 쌓자고 결심했습니다. 다만 교통편이 마땅하지 않아 우리 교회로 새벽기도를 다니는 것이 고민되었습니다. 다행히 같은 아파트 상가에서 장사하는 사장님이 매일 새벽기도를 다니셔서 그분이 다니는 교회로 새벽기도를 함께 갔습니다. 그 길로 제 인생에 새벽기도가 시작되었습니다. 되돌아보니 그 기도는 주님이 앞으로 주실 광풍을 이겨내도록 하기 위한 준비였습니다.

광풍 속에서 준비하신 피난처

"회사를 그만둬야겠어."

"왜요? 무슨 일 있어요?"

"거래처 사장에게 돈을 빌려줬는데 문제가 생겼어."

남편이 사업을 하게 된 것은 여러 이유가 있었습니다. 회사 자재부에서 책임자로 일하던 남편이 거래처 사장에게 돈을 빌려주었는데 돌려받지 못한 것입니다. 허리 수술도 받은 데다 채무관계가 발생하자 남편은 회사에서 한직으로 밀려났습니다.

그렇게 부품 제조업을 시작했습니다. 새벽기도를 드리면 남편 사업을 위해 기도해야 할 처지였습니다. 그런데 하나님은 이상하게 그 입을 막으시고 청소년과 나라를 위해 기도하게 하셨습니다. 그땐 그 이유를 잘 몰랐습니다.

그렇게 얼마쯤 겨우 버텼는데 1997년 말 IMF 사태가 벌어졌습니다. 국가 부도 위기 상태에 빠지자 기업은 휘청거렸고 하루에도 수십 개의 회사가 무너졌습니다. 남편의 부품 공장도 직격탄을 맞았습니다. 자금이 막히면서 부채가 쌓였고 하루아침에 공장과 집이 넘어갔습니다. 온갖 물건에 빨간 딱지가 붙었습니다. 순식간에 사업체가 공중 분해되고 살던 집까지 경매로 넘어가면서 반쯤 넋이 나갔습니다. 매달릴 분은 하나님밖에 없었습니다. 남편도 상황이 여기까지 오니 함께 새벽기도를 드리겠다고 했습니다. 그때부터 우리 부부는 새벽 제단을 쌓기 시작했습니다.

"하나님, 저한테 왜 이런 일이 생깁니까?"

저는 제단 앞에서 불평불만을 쏟아냈습니다. 교회에 등록하고 나서 우리 가정에 주신 평탄함이 감사하여 '이 평안함이 깨지지 않게 해 주세요. 만약 문제를 주시면 저는 하나님을 떠날 거예요'라고 협박(?)하더니 이제는 불평과 원망까지 하는 것입니다. 기도 시간은 불평만 쏟아놓는 시간이었습니다. 하나님도 원망스러웠지만 남편도 미웠습니다. 이런 어려움을 가져온 남편에게 불만은 쌓여갔습니다.

사정은 나아지지 않았습니다. 몸과 마음이 피폐해질 즈음, 어느 날 새벽 제단 앞에 나갔습니다. 그날도 잘잘못을 따지며 하나님께 불평을 늘어놓는데 갑자기 어디선가 커다란 음성이 또렷하게 들려왔습니다. 마치 마이크 소리가 울리도록 하는 에코가 가득 들어간 '감. 사. 합. 니. 다'라는 다섯 음절이 귓가에 생생하게 들려왔습니다.

'어? 누가 기도를 크게 하나? 이렇게 목소리 크신 분이 계신가?'

나도 모르게 눈을 떠서 주위를 살펴보았지만 아무도 없었습니다. '내가 잘못 들었나?' 하며 다시 기도하는데 또다시 같은 음성이 들려왔습니다. 그 순간 겁이 덜컥 나면서 '아. 주님 음성이구나' 생각이 들었습니다. 그러면서 원망으로 점철된 제 신앙생활이 주마등처럼 스쳐 갔습니다. 원망의 순간에도 하나님은 피할 길을 주셨습니다. 하나님은 새벽예배를 통해 그 사실을 깨닫게 하신 것입니다.

입술에서 감사의 고백이 흘러나왔습니다. 당장 오늘 먹을 쌀이 없고, 반찬값이 없어도 모든 것이 하나님의 것이라는 사실에 걱정이 덜어졌습니다.

저희 가정은 재정적으로 너무 힘들었습니다. 날마다 빚쟁이들에게 시달렸고 온갖 걱정 근심으로 눈물 마를 날이 없었습니다. 먹을 쌀이 없고 두부 한 모 살 돈이 없어서 전전긍긍하기도 했습니다. 하지만 감사하라는 하나님의 명령과 함께 신앙에 대한 확신은 더해져서 어려움 가운데에서 하나님 일을 더 많이 해야 한다는 생각이 있었습니다. 하나님께 잘 보이자는 마음도 있었고, 하나님 일에 열정을 쏟음으로써 현실적인 문제를 잊고 싶은 마음도 있었습니다.

한바탕 광풍이 몰아닥친 뒤, 하나님께서 교회 사택 단칸방으로 우리를 보내셨습니다. 단칸방은 하나님이 우리를 위해 예비하신 피난처였습니다. 물론 이곳에 와서도 어려움은 있었습니다. 이사를 오던 그해 여름, 인천에 엄청난 비가 쏟아져 곳곳이 침수되었습니다. 사택도 그 피해를 보았습니다. 가당에 있던 재래식 화장실이 역류하여 애를 먹기도 했습니다. 그해 겨울은 폭설로 고생했습니다. 완전히 낮아진 삶이었습니다. 그래도 초등학생이던 아이들과 밤에 화장실을 같이 다니며 친해지고 다정해질 수 있었습니다. 또 교회와 가까운 곳에서 신앙생활을 할 수 있어 감사했습니다. 속회 참석이 귀찮아 연락을 피하던 제가 바뀌었습니다. 교회 일이면 팔을 걷어붙이고 즐겁게 헌신했습니다. 그러다 보니 어느새 교회 생활에 한껏 배어든 교인이 되었습니다.

나의 질문에 언제나 응답하신 하나님

사택에서 1년을 지내면서 신앙이 성숙해졌습니다. 어릴 때부터 조물주에 대한 호기심이 컸던 저는 스스로 생각하고 질문하는 일이 많았습니다. 신앙생활을 한 뒤로도 하나님께 질문하면서 그분과 교제했습니다. 사택으로 이사하고 새벽 제단을 쌓으면서 궁금한 것이 있으면 하나님께 물었습니다. 이사 온 지 며칠 후로 기억합니다. 그날도 다섯 가지 정도의 질문을 드렸던 것 같습니다. 워낙 재정적으로 어려웠기에 재정이란 것이 꼭 있어야 하는 게 아닌지 등등 질문을 하고 기도를 마쳤습니다. 하나님께서는 어떻게든 대답을 주시는 분이라고 생각했습니다. 하나님은 질문에 응답해 주셨습니다.

3월 말이었지만 날씨는 쌀쌀한 날이었습니다. 우리 집에 전화를 놓는 날이었습니다. 전화를 설치하러 온 분이 장비를 설치하고 신호가 떨어질 때까지 기다려야 한다고 해서 저는 그분과 함께 담벼락에 나란히 서 있었습니다. 그런데 그분이 대뜸 이렇게 말하는 겁니다.

"요즘엔 돈 없는 게 편한 거 같아요. 아무리 돈 많아도 그걸 지켜내지 못하면 허사잖아요. 공사하러 가면 돈 많은 집도 갑니다. 방범 장치를 아무리 해도 도둑 한번 들면 다 뺏겨요. 아주머니네 집처럼 차라리 문 열어놓고 살면 얼마나 마음 편해요"

그 이야기를 듣는 데 순간 섬광처럼 뭔가 지나쳤습니다.

'아, 주님이 이 사람을 통해 내 질문에 답을 즈시는구나.'

재정에 대해 하나님께서 명쾌한 답을 주신 것입니다. 그날부터 돈에 대한 자유함이 생겼습니다. 모든 것을 하나님께 맡기고 궁금한 것은 무조건 하나님께 아뢰며 생활했습니다. 어느새 재정이 차츰차츰 회복되고 쌓였습니다. 1년 뒤에는 전세금을 모아 사택에서 나갈 수 있게 되었습니다. 남편도 작게나마 사업할 수 있는 길을 열어주셨습니다. 돈 빌리는 게 일상이던 저는 그날 이후, 필요한 게 있으면 성도들이 어떻게 알고 채워즈어서 돈 빌리는 일이 거의 없게 되었습니다. 하나님이 하신 것입니다.

인도하심 끝에서 만난 은혜

어려움을 겪고 나서 하나님은 생각지도 못한 기회를 주셨습니다. 시의원 보좌관 일을 하게 되었습니다. 보좌관의 역할에 최선을 다했습니다. 보좌관의 임무가 거의 끝날 무렵, 시의원에 출마하게 되었습니다. 주님이 주신 기회라면, 일하게 하실 거라고 생각하며 도전했습니다. 담임 목사님과 온 교인이 한마음으로 기도하고 응원해 주셔서 시의원으로 당선이 되었습니다. 그 고마움은 이루 말할 수 없습니다.

시의원이 되어 보니 덜컥 겁이 났습니다. 지역을 위한 일이면서 나라를 위한 일입니다. 제가 가지고 있는 기준과 잣대가 공명하고 정대해야 한다는 사실에 두렵고 떨렸습니다. 날마다 하나님께 엎드려 기도했습니다.

'하나님, 누군가를 단련시키실 때 어떤 사람은 선한 역을 감당시키시고 어떤 사람은 악한 역을 시키시지 않습니까. 부디 제가 선한 역을 맡게 해주세요. 하나님은 저에게 정치라는 어려운 분야에 발을 딛게 하셨습니다. 정치인으로서 악역을 감당해야 한다면 얼마나 많은 영혼이 상처를 입겠습니까? 부디 선한 역을 주셔서 사람의 마음을 위로하고 이롭게 하게 해주십시오.'

과연 하나님은 선하셔서 시의원 4년 동안 선한 역할을 하게 하셨습니다.

인천에는 일제 강점기 때 정신근로대로 강게노역하셨던 여섯 분이 계십니다. 그분들은 어린 시절 일본에 속아서 온갖 고된 일을 하고 임금도 제대로 받지 못했습니다. 그 당시 13~14살 소녀들은 부당한 노동 착취에 항변도 못하고 고국으로 돌아와 수십 년을 가난하게 보냈습니다. 세월이 흘러 임금 착취 소송을 일본 측에 하게 된 것입니다.

이 사안을 보고 받고 그분들을 지원하는 조례를 냈습니다. 소송의 승소 여부를 떠나 생활이 어려우신 분들의 의료비와 생활비 지원이 시급하다고 판단했습니다. 결국 여러 난관을 뚫고 지원 조례를 만들었습니다. 이 일을 진행하면서 어려운 상황 가운데에서도 신앙을 굳게 지키는 할머니들을 만났습니다. 저는 그분들의 손을 잡고 기도했습니다. 하나님이 왜 저를 시의원으로 쓰셔서 이런 일을 하게 하셨는지 알 수 있었습니다. 시의원이 되지 않았더라면 그분들의 사정을 알지도 못했을 것입니다. 어쩌면 그분들의 아픔이 묻힐 수도 있었을 겁니다. 하나님은 그런 사정을 저를 통해 드러내시고 사랑을 베푸셨습니다. 하나님은 정치가 이런 일을 위해 존재한다는 것을 알게 해주셨습니다.

시의원으로 일하면서 하나님은 소외되고 어려움을 당한 이들의 사정을 저를 통해 알리셨고 돕게 하셨습니다. 그로 인해 세상이 주는 상도 많이 받고 이름도 알려졌습니다. 하나님께서 인도해 주셨기 때문입니다. 하나님의 인도하심이 없었다면 4년의 따뜻하고도 의미 있는 의정 활동은 힘들었을 것입니다.

저는 이제 하나님의 또 다른 예비하심을 기다리고 있습니다. 한 박자 쉬어가기 위해 평범한 시민의 자리로 돌아왔습니다. 이 자리에서 하나님께서 원하시는 삶이 어떤 모습인지 질문하고 그 분의 음성을 들으려 합니다.

하나님께서는 저를 가장 낮은 곳까지 낮추신 뒤 높여 주셨습니다. 남편의 신앙 역시 바르게 갈 수 있도록 하셨고, 믿는 사람들과 교류하게 하셔서 지금까지 남편의 사업이 이어오게 하셨습니다. 큰아이와 작은아이는 부평제일교회에서 피아노 반주 등으로 봉사하고 있습니다.

생각해 보면 우리 가정에 다가온 광풍 같은 어려움은 하나님의 예비하심을 더욱 크게 느끼게 하신 장치였고 디딤돌이었습니다. 믿음으로 디딤돌을 딛고 나니 하나님은 생각지도 못한 만남과 길을 열어주셨습니다. 사람이 길을 걸어갈 때, 하나님은 그 사람이 가진 좋은 점을 선하게 이용하십니다. 그것을 확실히 믿기에 저는 오늘도 하나님 앞에 무릎을 꿇고 묻습니다.

'하나님 제가 어떻게 할까요?'

03

교회다움,
그리스도인다움을 꿈꾸며

홍성훈 집사

모태에서부터 이어진 하나님의 인도하심

흔히 모태신앙이라고 하면 두 가지 시선으로 봅니다. 하나는 태 속에서부터 하나님을 믿었기에 신앙의 연수나 깊이가 있을 거라는 시선입니다. 또 하나는 자신의 의지(물론 하나님께서 선택해 주셔서 믿게 되는 것이지만)가 아닌 부모의 영향으로 신자가 되었으니 신앙이 미지근할 거라는 시선입니다. 저는 전자 쪽에 가까운 것 같습니다. 선대부터 신앙의 열정이 있었고 저도 그 열정을 이어받아 하나님에 대해 크게 의심하지 않았습니다.

저의 어린 시절의 기억은 대부분 교회와 연관되어 있습니다. 아버지는 성결교단의 장로로 평생 주님의 일과 교회에 헌신하셨습니다. 어머니 역시 어린 시절부터 교회에서 충성된 일꾼이셨습니다. 이름을 들으면 알 정도로 규모 있는 교회를 세우는 일부터 함께하셨기에 자연스럽게 나와 형제들은 교회가 곧 생활의 터전이었습니다.

아버지의 신앙은 철저했고 엄중했습니다. 누구보다 예배 위주의 삶을 사셨고 목회자와 성도를 섬기셨습니다. 개인 일보다 교회 일이 항상 우선이셨던 아버지는 많은 성도에게 존경을 받으셨습니다.

지금도 저는 새벽마다 기도하시던 아버지의 음성이 기억납니다. 새벽 미명에 어김없이 들려오던 아버지의 기도 소리. 아버지는 전 세계를 품는 기도를 하셨습니다. 어린 마음에도 '저렇게 기도하면, 오늘 안에 끝나지 않겠다' 싶을 정도로 열방과 민족, 교회와 성도, 가족을 위해 기도하셨습니다. 그 음성이 어찌나 또렷하고 열정적이었는지 이웃이 아버지의 기도 소리가 시끄럽다며 항의하기도 했습니다.

아버지의 철저한 기도 중심, 예배 중심의 신앙은 가족 특히 자녀들에게 큰 영향을 끼쳤습니다. 저와 형제들은 어릴 때부터 신앙 교육을 받았습니다. 주일 예배 시간에 지각하는 것, 주일에 교회 외에 다른 곳을 가는 것은 생각조차 못 했습니다. 옷차림과 태도도 단정해야 했습니다. 처음부터 그런 교육을 받았기에 이것을 당연하게 받아들였습니다. 은혜로 하나님을 믿은 게 아닌, 아버지로부터 외워지는 하나님을 믿었던 것입니다. 어쨌든 이렇게 부모님의 신앙의 울타리 안에서 교회 생활을 했고 성도들의 관심을 받고 자랐습니다.

저는 그런 관심이 싫지 않았습니다. 주일학교에서 중고등부까지 교회 행사에 모두 참여하고 거의 모든 분야에서 두각을 나타내다보니 성도님들도 저를 칭찬하고 주목해주었습니다. 교회 사역자들을 비롯해 교회 형 누나들도 저를 예뻐해 주었습니다. 중요한 일을 할 때면 저를 꼭 끼워주었기에 교회에 가면 우쭐했습니다. 교회에서 만나는 사람과 분위기가 좋았습니다.

하나님은 저와 인격적으로 만날 준비를 하셨습니다. 중학교 3학년 때 교회 수련회를 가게 되었습니다. 해마다 가는 수련회와 다를 바 없다는 생각을 하고 친구들과 여행 온 기분으로 텐트를 치고 수련회에 참석했습니다.

"성훈아, 성경 공부하는데 너도 와라."

수련회 일정 외에 고등부 형들과 전도사님이 성경 공부를 한다며 저를 부른 것입니다. 평소 형들과 많이 어울렸기에 스스럼없이 성경 공부에 참석했는데 그날 은혜를 받았습니다. 성경 공부하는 내내 가슴이 뜨거웠습니다.

'왜 이러지? 왜 이렇게 가슴이 뜨겁지?'

하나님의 말씀이 꿀처럼 달았습니다. 막연하게나마 은혜가 임했다는 것을 느꼈습니다. 이전에 아버지를 통해 외워졌던 하나님이 아닌 나의 아버지, 나라는 죄인을 위해 이 땅에서 죽임을 당한 예수님이란 사실이 실제로 느껴졌습니다. 처음 경험하는 은혜에 저는 어느 때보다 자유했습니다.

이 체험 이후 고등부로 올라가서는 더욱 열심히 신앙생활을 했습니다. 고등부 회장이 되어, 중고등부 수련회의 전체 기획을 맡게 되었습니다. 장소 섭외부터 프로그램을 짜고 진행까지 하다 보니 기도의 필요를 저절로 깨닫게 되었습니다. 고등학생인 저는 마음껏 기도할 수 있는 삼각산 기도원에 올라가 산 기도를 드렸습니다. 산 기도를 하면서 저는 살아계신 하나님을 더욱 확신하게 되었습니다.

다양한 경험을 통해 함께 하신 하나님

하나님은 저에게 여러 달란트를 주셨습니다. 그중 하나가 '호기심'입니다. 잘난 척이 아닙니다. 하나님은 저로 하여금 세상을 향해 궁금한 것도 많게 하셨고 궁금한 분야에 부딪혀 공부하고 시도해보려는 의지를 주셨습니다.

전자계산 분야를 공부해 졸업 후 컴퓨터 관련 학원을 했지만,

그 외에 다양한 것들을 경험해 일하는 데 활용했습니다. 이공계열 공부를 한 덕에 전기 시설 등을 잘 만졌습니다. 어렸을 때부터 운동을 좋아한 저는 수영이 전문가급이라 수영 강사로도 일했습니다. 수영의 연장 선상에서 잠수도 배웠습니다. 잠수는 지금 제가 하는 일이기도 합니다. 가만히 있지 못하는 성격으로 여러 곳을 다니다 보니 사진을 배워 순간의 장면을 남기는 일도 하고 영상 촬영까지 하게 되었습니다. 사진 찍고 글을 쓰면서 잡지사에도 기고하고 있습니다. 어찌 보면 한 우물을 파지 못하는 무질서한 삶처럼 보이기도 할 것입니다.

신기한 것은 저는 사람들과의 만남을 통해 새로운 분야를 배우게 되었다는 것입니다. 실력이 좋은 사람들을 만나 다른 사람이 몇 년 동안 배울 것을 쉽게 익힐 수 있었습니다. 예를 들어 사진을 배우고 싶었을 때는 전문 사진작가를 만났습니다. 그분을 만나 친교를 맺고 사진 기술을 배우게 되었습니다. 한창 잠수에 꽂혀 바다를 누빌 때는, 바다에 대해 아주 잘 아는 분들과 우연히 인연을 맺었습니다. 그들에게 잠수의 기본부터 배워 실력을 쌓아 전문가가 되기까지 도움을 받기도 했습니다.

그 분야의 권위자들과 만나 교류하고 배우다 보니 당연히 다른 사람들에 비해 일찍 전문가가 되었고 그 기술을 활용할 수 있게 되었습니다.

일찍 결혼해서 어린 나이에 가장으로서 집안을 책임지며 살아야 하는데 이렇게 자유롭고 다양한 분야에 관심을 두고 변화무쌍하게 사니 저를 걱정하는 사람들도 있었습니다. 그 걱정하는 시선은 경제적인 것보다 자유로움에 있었습니다. 저 역시 궁금했습니다.

'하나님, 절 어떻게 쓰시려고 이렇게 다양한 일을 하게 하십니까?'

20대 초반에 시작한 컴퓨터 학원이 경영의 어려움을 겪으면서 학원을 접게 되었을 때, 하나님께서는 저를 교회로 부르셨습니다. 우리나라 단일 교회로는 가장 큰 순복음교회의 직원으로 채용된 것입니다. 왜 하나님께서 저를 교회로 인도하셨을까요? 사실 저는 그때 교회에 대한 비판적인 시각으로 한창 머리가 커져 있었습니다. 성인이 되기까지 교회에 거의 살다시피 하면서 은혜도 받고 뜨거운 성령도 경험했습니다. 그런데 사회에 나와서 교회를 보니 실망스러운 점이 보였습니다.

'교회가 왜 저러지?'

'목사가, 장로가, 집사가 저러면 안 되는 거 아닌가?'

그리스도인은 세상의 빛과 소금이 되어야 하는데 신앙인이라는 사람들이 경건하지 못한 행실을 하고, 세상과 전혀 다를 바 없이 교회를 경영해 나가는 모습에 실망했습니다. 그리고 비난했습니다. 남 눈의 티만 보고, 제 눈의 들보는 보지 못했던 것입니다.

저에게는 반골 기질도 있었습니다. 그런 저를 교회 직원으로 쓰시니 하나님의 뜻이 궁금해졌습니다. 당시 순복음교회는 부흥 일로를 걷고 있었기에 할 일도 많았습니다. 원래 저는 전기 시설 일을 맡았습니다. 그런데 영상 분야 경험도 있다 보니 그쪽 일도 겸하게 되었습니다. 교회가 워낙 크다 보니 행사도 다양하고 많았습니다. 행사를 무대에 올릴 때면 그에 필요한 무대 시설과 연출까지 도울 수 있는 부분은 도왔습니다.

"홍 집사님은 정말 달란트가 많아요. 어떤 일이든 부탁하면 못한다는 말이 없네요."

"그러게요. 제가 이것저것 경험이 많다 보니 얕게 많이 아는 편입니다."

"얼마나 감사해요. 교회는 그렇게 다양한 달란트를 가진 분이 필요합니다."

교회에서 기술직으로 시설 관리 분야만 맡을 수도 있었지만 하나님은 제가 경험한 모든 것들을 활용하게 하셨습니다. 특히 성령이 충만한 순복음교회에서 저의 신앙을 돌아보는 시간을 갖게 해 주셨습니다.

지금도 생각나는 장면이 있습니다. 처음 이 교회에 채용되어 예배 시간에 참석했을 때였습니다. 당시 저는 모 교회를 떠나 부평제일교회에서 신앙생활을 하고 있었습니다. 교회가 직장이다 보니 주일이면 순복음교회로 나가야 했습니다. 1부부터 7부 예배까지 있기에 온종일 긴장하며 보내야 했습니다. 그러면서 자연스럽게 예배를 드렸습니다.

온 교인이 함께 손뼉을 치며 찬양하는 모습부터 장관이었습니다. 모교회인 성결교단도 다른 교단에 비해 자유로운 편이었습니다. 그런데 그보다 훨씬 자유롭고 열정이 가득했습니다. 말씀에 아멘으로 반응하는 모습도 인상 깊었습니다. 말씀을 들을 때, 조용하던 분위기에 익숙하던 저에게 통성 기도는 신기했습니다.

"다 함께 통성으로 기도하시겠습니다."

저마다 가지고 온 문제와 기도 제목을 놓고 간절히 기도하는 모습에 저는 신선한 충격을 받았습니다. 아버지도 새벽마다 우렁찬 목소리로 기도하셔서 기도 소리에 익숙했지만, 예배 시간에 온 성도가 한꺼번에 큰소리로 기도하는 모습은 처음 보았습니다. 방언 기도는 더 충격이었습니다.

'아… 기도는 이렇게 하는 거구나.'

처음엔 놀랐지만, 그들이 눈물을 뿌리며 간절하게 드리는 기도를 보면서 뭉클함이 올라왔습니다. 하나님께서 이 땅에 복음이 전파되게 하시고 불과 100여 년도 지나지 않았는데 놀랍게 부흥하게 한 것은 이런 간절한 기도가 있었기 때문이라고 깨달아졌습니다. 더 나아가 나도 이들처럼 기도해야 한다는 자극을 받았습니다.

제 재능을 쓰겠다는 곳이 생겨서 직장을 옮기게 되었습니다.

교회 직원으로 일하는 시간은 그리 길지 않았지만, 그 시간은 개인적으로 의미 있고 가치 있었습니다. 그동안 교회를 향해, 소위 높은 자리에 있는 이들을 향해 반골 기질을 드러내며 비난의 화살을 쏘던 저 자신을 바라보게 되었습니다. 물론 한국 교회가 개혁되어야 할 방향에 대해서는 목소리를 내야 합니다. 하지만 그에 앞서 먼저 성령으로 뜨거웠는지, 기도를 그만큼 간절히 했는지 돌아봐야 합니다.

달란트 속에 숨겨진 하나님의 계획

"아버지, 저희 교회 옮기겠습니다."

처음에 아버지는 믿기지 않아 하셨지만, 워낙 우리 가족의 뜻이 완강했기에 그 뜻에 손을 들어 주셨습니다. 자식이 모교회를 떠나는 것이 서운했지만 가정을 꾸린 만큼 새로운 환경에서 신앙생활을 하기로 한 결정을 존중해 주신 것입니다.

우리 부부는 어떤 교회로 갈지 고민했고 주변 교회를 다녀보다가 부평제일교회를 마지막으로 와서 보고 등록하기로 했습니다. 태어나 모 교회를 벗어나 본 적 없어 다른 교회는 어떻게 예배를 드리는지 알지 못했지만 부평제일교회에서 드린 주일 예배는 은혜가 있었습니다. 게다가 제가 누구 아들인지 아는 사람이 없었기에 편했습니다.

교회를 등록하자 하나님은 우리 부부를 사용하시기 시작했습니다. 아내는 성악을 전공하고 지휘를 공부해서 모 교회에 다닐 때도 지휘자로 봉사했습니다. 부평제일교회로 오면서 모든 것을 내려놓았습니다. 그런데 이천휘 목사님께서 아내에게 찬양대 지휘를 제안하셨습니다.

"집사님, 재능을 교회를 위해 쓰시면 좋겠습니다. 마침 저희 2, 3부 예배를 한 분이 지휘하십니다. 안 집사님께서 맡아주시면 좋겠어요."

이야기를 듣고 조심스러웠습니다. 저에 비해 신앙의 연수가 짧은 아내는 교회에서 지휘로 봉사하다가 상처를 입었습니다. 자신에게 주신 달란트를 값없이 사용해야 함을, 결국 그 헌신이 하나님을 기쁘게 한다는 것에 확신이 없었던 것 같습니다. 목사님의 제안에 고민했지만, 아내는 봉사하기로 했습니다. 대신 한 가지 조건이 있었습니다. 순수한 마음으로 봉사하겠다는 것입니다. 보수에 대해 더는 이야기가 나오지 않도록 하기 위해서였지만, 하나님께서 원하시는 헌신은 진정한 헌신, 물질과 환경 모든 것을 내려놓는 거로 생각했기 때문입니다.

'하나님, 이렇게 또 봉사할 기회를 주셔서 감사합니다.'

하나님께서는 아내를 지휘자로 세우시더니 얼마 뒤 성가대를 이끌어가게 하셨습니다. 그 봉사는 지금까지 이어지고 있습니다.

아내의 재능을 받으신 하나님께서는 아내의 믿음을 성장시키셨습니다. 지휘를 맡은 후 지금까지 한 번도 지휘봉을 내려놓은 일이 없습니다. 그 어떤 행사나 일이 있어도 주일은 꼭 지켰습니다. 그 믿음 덕분인지 권사 직분도 주셔서 교회 일꾼으로 세우셨습니다.

이 목사님은 저에게도 교회 일을 하도록 이끄셨습니다. 사실 이 교회에 등록하게 된 데에는 담임 목사님의 목회 철학과 방향이 지대한 영향을 주었습니다. 제가 본 담임 돗사님은 그동안 봐 오던 목회자들과는 달랐습니다. 기존의 전통과 관례에 많은 교회가 정체되어 있습니다. 그런데 목사님은 목회 20년 차였지만 진취적이셨습니다.

교회의 다양한 행사와 사업을 보면서 기획과 아이디어가 신선하다는 느낌을 받았습니다. 보여주기 행사가 아닌 정말 교회다움을 위해 고민한 흔적이 있는 행사였습니다. 소외되고 어려운 이웃을 사랑하는 마음을 최대한 실천할 수 있는 일들을 진행해 나가셨습니다.

특히 제가 가장 인상 깊게 느꼈던 부분은 목사님의 선교에 대한 의지였습니다. 제가 부평제일교회에 등록한 1996년 정도만 해도 중국 선교라 하면 지하교회 선교만 생각했습니다. 우리 교회는 조금 다른 방법으로 중국 선교를 했습니다. 삼자교회, 즉 정부에서 인정한 교회를 통해 교류하며 그 통로를 통해 합법적으로 선교 활동을 하는 것입니다.

중국 선교를 위해 기도하면서 저도 모르게 가슴이 뜨거워졌습니다. 그제야 어린 시절부터 마음속에 품었던 선교에 대한 비전이 수면 위로 드러났습니다.

어릴 때부터 저는 주변에서 "신학을 해라", "목사가 돼라"는 이야기를 많이 들었습니다. 교회 일에 빠짐없이 참석하고 모든 예배와 기도회에 함께하니 그런 소리를 들을 만도 할 것입니다. 그런데 이상하게 저는 선교에 관심이 갔습니다. 특별한 선교사님과 인연이 있지도 않았습니다. 그런데도 미전도 종족에게 복음을 전하는 사명을 감당하고 싶다고 막연히 생각했습니다. 그러나 생활 속에 빠져 있다 보니 선교에 대한 비전을 잊고 살았습니다. 그러다가 선교에 대한 비전이 다시 떠오른 겁니다.

"홍성훈 집사님, 이번에 우리 중국 선교 갈 때 같이 갑시다."

목사님은 사진 촬영으로 동참하라고 권유하셨습니다. 중국 선교 길에 올랐을 때만 해도 제가 무슨 도움이 될까 싶어 반신반의하며 따라갔습니다.

중국에 도착해 그 크기와 넓이에 압도되었습니다. 그런 그곳에 아직 예수의 복음이 제대로 전해지지 않았다는 사실이 안타깝고, 해야 할 일들에 마음이 벅차고 조급해졌습니다. 저는 목사님을 따라다니며 영상 촬영을 했습니다. 또한 여러 교회를 다니며 찬양 대원들이 찬양으로 복음을 전할 때, 각종 허드렛일부터 짐꾼까지 할 수 있는 일을 도왔습니다.

"홍 집사님, 여기 와서 전기 좀 봐주세요."

"홍 집사, 무대 좀 손 봐줘요."

저를 부르는 곳이 많아졌습니다. 중국 선교 내내 바쁜 날을 보냈습니다. 중국 교회는 우리나라 1960, 70년대를 연상시키는 부분이 많았습니다. 시설도 환경도 사람들의 심성도 그랬습니다. 그래선지 더욱 친근했습니다. 그들의 순수한 믿음, 열정 가득한 모습에 감동을 하였습니다.

중국에서 일정을 함께하며 울고 웃었습니다. 특히 크고 작은 문제나 사건을 함께 기도로 해결해가는 시간을 통해 저를 향한 하나님의 계획과 준비하심을 깨달았습니다. 중국은 전기 사정이 좋지 않았습니다. 찬양 무대를 준비하기 위해 여러 악기와 전자 기기를 세팅하다 보면 전기가 많이 소요됩니다. 전기를 많이 쓰다 보니 몇 시간씩 정전되는 일이 잦았습니다. 그럴 때면 다들 더위나 추위, 어둠에 한없이 노출되어 있어야 했습니다. 그때 번뜩 아이디어가 떠올랐습니다.

"목사님, 발전기 하나 사시죠."

"발전기? 그건 왜요?"

"앞으로 중국선교 다니면 이런 일이 계속 생길 겁니다. 발전기만 있으면 정전이 되어도 문제가 없습니다. 전기가 나가든 말든 상관없이 준비할 수 있잖아요. 가격도 비싸지 않습니다."

담임 목사님은 제 의견에 귀를 기울여주셨고 그 의견을 재정위원회에 올려 발전기를 마련해 주셨습니다. 지금도 느끼는 것은 우리 목사님의 가장 큰 장점은 어떤 의견에든 허투루 듣지 않으신다는 것입니다. 목사님의 경청과 추진력 덕분에 발전기를 마련했고, 그 후 중국 선교길에 발전기는 효자 노릇을 톡톡히 했습니다.

중국 선교에 몇 번 동행하면서 중국을 향한 선교의 꿈을 품었습니다. 그리고 선교를 돕는 작은 역할을 하면서 하나님께서 오늘날까지 저를 이끄신 방향에 대해 깨달을 수 있었습니다. 왜 하나님은 내가 여러 경험을 하고 다양한 분야의 사람과 만나게 하셨을까요? 하나님의 선교 사역에 필요한 일꾼으로 쓰기 위해서였습니다.

이런 깨달음에 감사가 터져 나왔습니다. 뭐 하나 특별하게 잘하는 것 없이 이것저것 얕게만 하는 잡학다식한 사람이라고 자조했던 저였습니다. 하지만 그것이 유용하게 쓰일 수 있다는 것, 그리고 제가 사용되었다는 것에 감사하면서 나를 향한 하나님의 비전을 구하기 시작했습니다.

재능 흘려보내기

현재 저는 한국잠수협회 사무국장으로 일하고 있습니다. 한국 잠수협회는 우리나라에 스킨스쿠버를 처음으로 소개한 단체입니다. 잠수교육을 위해 많은 일을 하는 협회로 세월호 사건 때 구조 요원으로 현장에 나갔습니다. 한국잠수협회는 여러 매체를 통해 사건에 대한 조언과 구조 작업에 도움을 주었습니다. 이 역시 하나님께서 주신 달란트를 활용한 결과라고 생각하며 하나님께서 새롭게 주신 비전을 떠올려 봅니다.

선교에 대한 마음을 새롭게 하시고 경험을 쌓게 하신 하나님께서 제게 주신 비전이 있습니다. 복음 전파가 덜 된 개발도상국으로 가서 직업 훈련을 하며 선교하는 것입니다. 하나님은 저로하여금 세월호 사건을 지켜보며 꽃도 피우지 못한 아이들을 향한 애정을 키우셨습니다. 그리고 바다를 알고 바다를 활용한 직업 세계를 경험케 하셨습니다. 선교에 대한 비전을 주신 하나님께서 저의 부족한 재능을 활용할 기회를 허락해 주신다면 달려가겠습니다.

얼마 전 지역아동센터 일을 도우면서 만난 목사님께서 제게 그런 말씀을 하셨습니다. 서울시 강남구 일원동이라 하면 부유하겠다고 생각하겠지만 실제로는 가난한 곳이라고요. 그곳 아동센터에 모인 어려운 아이들을 위한 행사에 재능 기부를 하고 돌아오는 길이었습니다.

"홍 집사님은 다른 사람 세우는 걸 참 잘하세요. 남을 도와주고 섬기는 은사가 있습니다. 하나님이 그 은사를 쓰실 거예요."

그 말씀에 가슴이 뭉클했습니다. 지금까지 저를 다양한 모습으로 준비시키신 하나님의 뜻을 되새기게 되었습니다. 그래서 이 은사를 흘려보내는 통로가 되게 해 달라고 기도합니다.

지금 많은 교회가 정체되어 있다며 교회만 안 바뀐다는 자성의 목소리가 들려옵니다. 저 역시 그 의견에 동의합니다. 하지만 교회가 교회다움을 회복하고 성도가 성도다움을 회복하는 길은 이 땅을 향한 하나님의 뜻을 좇는 것입니다. 땅끝까지 주님의 증인되는 삶을 살고, 이웃을 사랑하는 것이 예수님이 우리를 죽기까지 사랑하셨던 것 같이 열방을 사랑하고 섬기는 일을 하는 것입니다. 저 먼저 그 일을 묵묵히 감당함으로 교회가 변하고 세상이 변하는 은혜를 꿈꿉니다.

04

창세 전에 우리를 택하신 하나님

이미경 집사

곧 창세 전에 그리스도 안에서 우리를 택하사 으리로 사랑 안에서 그 앞에 거룩하고 흠이 없게 하시려고 그 기쁘신 뜻대로 우리를 예정하사 예수 그리스도로 말미암아 자기의 아들들이 되게 하셨으니 이는 그가 사랑하시는 자 안에서 우리에게 거저 주시는 바 그의 은혜의 영광을 찬송하게 하려는 것이라. (중략) 모든 일을 그의 뜻의 결정대로 일하시는 이의 계획을 따라 우리가 예정을 입어 그 안에서 기업이 되었으니(엡 1:4~6, 11).

백합어린이집 아이들이 모두 하원한 뒤 교실을 정리하면서 잠시 성경책을 폈습니다. 평소 좋아하는 에베소서 말씀을 펼쳐놓고 1장 1절부터 읽어 가는데 첫 구절부터 가슴이 뜨거웠습니다. 이 땅이 창조되기 전부터 그리스도 안에서 택함을 받아 하나님의 예정대로 이 땅에 기업 되게 하신 하나님의 섭리가 어찌나 감사한지 모릅니다. 특히 우리 가정에 보내주신 네 명의 자녀를 떠올리니 정말 하나님께서 택정하셔서 이 땅에 선물로 왔다는 확신이 들었습니다. 하나님께서 준비하신 자녀들이 이 세상에 어떻게 오게 되었는지 그 기적 같은 이야기를 나누고자 합니다.

기도대로 짝지어 주신 부부

'하나님, 제게 짝지어 주실 남편에 대해 기도합니다. 구체적으로 아뢰니 그대로 될 것을 믿습니다.'

형제가 많고 가정 형편이 어려워 일찍 학업을 포기하고 사회로 나와야 했습니다. 재정적으로 힘든 가정에 보탬이 되고자 살다 보니 결혼이 늦어졌습니다. 그러나 결혼, 특히 남편에 대한 기도는 오래전부터 해왔습니다. 목회자가 많던 집안 덕에 저 역시 모태 신앙이었습니다. 어려서부터 기도 한대로 된다는 믿음이 있었습니다. 실제로 새해 첫날에 기도 제목을 적고 기도하면, 송구영신 예배를 드릴 때 거의 다 응답되는 것을 경험했습니다. 하나님은 제 결혼 기도도 들어주실 거라고 기대했습니다.

저는 남편에 대해 구체적으로 기도했습니다. 발 사이즈, 직업, 성격, 외모, 집안 등 세세한 조건까지 넣었습니다. 지인들과 기도제목을 나누면, 고개를 저으며 그게 되겠냐며 한소리를 들었습니다.

서울 압구정동에 있는 디자이너 숍에서 직장생활을 시작했습니다. 집안이 좀 넉넉했다면 미술 공부를 했을 것입니다. 그래도 맘속엔 때가 되면 공부를 더 하겠다는 소원을 품었습니다. 숍에서 일하다 보니 정식 디자이너는 아니지만, 어느 정도 디자이너 소리를 듣게 되었습니다. 그즈음 평생교육원에서 보육교사 자격증도 따면서 청춘의 시간을 보냈습니다.

신앙생활도 열심히 했습니다. 어린 시절부터 예술적 감각이 있다는 소릴 들었는데, 디자이너 숍에 있을 때도 실력을 인정받았습니다. 꽃꽂이로 교회 봉사도 했습니다. 청강생으로 꽃꽂이를 배웠지만, 제단을 아름답게 꾸미고자 하는 제 마음을 알고 선생님들도 잘 가르쳐주셨습니다. 주일 전날이면 꽃꽂이 작품을 들고 지옥철을 타고 교회로 옮기면서도 즐거웠습니다. 내게도 헌신할 수 있는 뭔가가 있어서 좋았습니다.

그런데도 이상하게 결혼은 잘되지 않았습니다. 목회자를 많이 소개받았는데 연결이 잘되지 않아 사모는 내 길이 아니구나, 생각했습니다. 어느 날 언니 친구에게 남편을 소개받았습니다. 그분이 지금의 제 시누이입니다.

남편 첫인상은 별로였습니다. 그런데 다시 만나 차근차근 이야기 나누면서 신기하리만큼 제가 기도했던 내용을 갖춘 사람이라는 것을 알았습니다. 맞는 조건들을 하나하나 지워가면서 '하나님이 모든 것에 부합한 사람을 보내주셨으니 믿음의 가정으로 만들어야겠구나' 했습니다. 시아버님 역시 기도를 많이 하시는 장로님이셨습니다. 며느리를 놓고 기도를 많이 하셨다고 합니다. 영이 맑으셔서 하나님 주시는 마음을 잘 아시는 분인데, 저를 보시곤 '아… 하나님이 허락하신 배필이구나' 하셨답니다.

기적처럼 찾아온 첫아이

인천에서 가정을 꾸리면서 부평제일교회에 나오게 되었습니다. 당시 저는 만학의 길을 가고 있었습니다. 결혼 전부터 경인여대 광고디자인과에 다니고 있었습니다. 전문적인 교육을 받아 주일학교 아이들을 더 잘 가르치고 싶은 마음이 있어서 달란트라고 생각하는 미술 분야를 선택해 광고디자인학을 공부했습니다. 청년 때부터 교회에서 여러 봉사를 하면서 주일학교 교사를 가장 하고 싶었습니다. 그래서 직장생활을 하면서 덕성여대 평생대학원에서 공부하며 보육교사 자격증을 땄던 것입니다.

만학도인 만큼 더 열심히 공부했습니다. 그러던 어느 날부턴가 몸이 조금 이상했습니다. 임신 테스트를 통해 임신 사실을 알았습니다. 기다리던 아기라 감사기도가 절로 나왔습니다. 기쁜 마음으로 병원에 갔는데, 저를 진찰하던 의사의 표정이 심상치 않았습니다. 그리고 날벼락 같은 소식을 전했습니다.

"산모님, 임신은 맞는데 아이가 안 보입니다. 아무래도 자궁외임신인 것 같습니다."

"네? 그럼 어떻게 되는 건가요?"

"원래 태아가 자궁 안에 착상이 되어야 하는데 바깥에서 착상이 되어 자라기 때문에 나중에 자궁 한쪽을 떼야 할 수도 있습니다. 위험한 상황이 될 수 있으니 유산하는 게 좋을 것 같습니다."

의사의 진단을 듣고 우리 부부는 천국과 지옥을 오갔습니다. 아이를 주셨다는 소식에 기뻤던 것이 불과 몇 시간 전인데, 그 아이가 빛을 볼 수 없다니? 얼마나 가엽고 미안하고 속상한지 울면서 기도했습니다. 며칠 지나 수술대에 올랐는데 수술 전 초음파로 확인하던 의사가 상기된 목소리로 말했습니다.

"어? 어? 보인다. 보여. 점 하나가 생겼다, 생겼어."

"어머 정말요? 어머… 정말 보이네요."

진료실 안이 박수로 가득 찼고 그렇게 큰 아이를 극적으로 품게 되었습니다. 어느새 예정일이 다가왔습니다. 마지막 정기 진료을 하던 의사가 진찰하더니 아이가 바로 나올 것 같다며 그날 입원을 시켰습니다. 그런데 하루 이틀이 지나도 아이가 나오지 않자 의사는 제왕절개를 결정했습니다. 자연분만이 아니라서 서운했지만 빨리 아이를 만나고 싶었습니다.

"자, 마취 시작합니다. 하나, 둘, 셋!"

눈을 감았다 떴을 때, 제 귀에 아이의 울음소리가 들려왔습니다. '하나님 감사합니다.' 그런데 얼마쯤 지나자 갑자기 몸이 이상했습니다.

'어? 왜 이러지? 왜 숨이 안 쉬어지지?'

사건은 삽시간에 벌어졌습니다. 갑자기 숨을 쉬지 못하면서 정신이 오락가락했고 혈압이 오르락내리락하며 호흡 곤란 증세에 경련까지 왔습니다. 나중에는 전신 마비가 와서 금방이라도 죽을 것 같았습니다. 마취 쇼크였습니다. 제왕 절개 수술에 사용된 마취제를 제 몸이 감당치 못한 것입니다.

남편은 더 할 수 있는 게 없다는 의사를 붙들고 울면서 기도했습니다. 저 역시 정신이 돌아올 때마다, 하나님만 붙잡았습니다.

'하나님, 저 좀 살려주세요.'

그런데 그 순간 잉크 한 방울을 종이에 떨어뜨리면 종이 전체에 잉크가 서서히 퍼지듯, 왼쪽 엄지발가락에 떨어진 물방울의 기운이 서서히 번지면서 마비된 감각이 돌아오기 시작했습니다. 하나님의 살아계심을 체험했습니다.

자녀들을 향한 하나님의 계획

어렵게 얻은 큰아이에 대한 감사한 마음에 신앙생활도, 학교생활도 열심히 했습니다. 3년쯤 지나 둘째가 성겼지만 기쁘기보다 두려웠습니다. 첫아이를 제왕절개로 낳으면 계속 수술로 낳아야 하는데, 저는 마취제 쇼크를 겪었기에 진퇴양난이었습니다. 마침 일산 백병원에서 간호사로 근무하는 언니가 실력 좋은 산부인과 의사를 소개해 주었습니다.

"쉽지는 않겠지만 자연분만으로 아이를 낳아봅시다."

병원에서도 저와 같은 케이스가 처음이었기이 담당 의사가 서약서까지 쓰며 책임을 져 준 것입니다. 좋은 의료진을 만나게 해 주신 하나님께 감사했습니다. 아이를 열 달 동안 품고 기도로 출산을 준비했습니다. 그런데 분만 예정일이 이틀이 지나도 신호가 오지 않았습니다. 자연분만을 준비하던 의료진은 당황했습니다. 제가 할 수 있는 건 기도뿐이었습니다.

'하나님, 저 좀 도와주세요. 이미 저를 살려주신 하나님이시잖아요. 아이가 무사히 빛을 볼 수 있도록 도와주세요.'

바로 그때 갑자기 진통이 왔습니다. 의료진은 초긴장 상태로 분만 준비를 했습니다. 진통은 점점 잦아졌고 해산의 고통 속에 무사히 둘째를 출산했습니다.

"산모님, 딸이네요. 건강하게 잘 태어났습니다. 와, 그런데 정말 이런 일도 있네요."

"네? 왜요? 무슨 일 있나요?"

"아뇨. 아이가 컸으면 자연분만에 위험부담이 있었을 텐데 머리가 작아서 아이를 낳을 수 있었어요."

출산의 과정에 철저히 개입하신 하나님의 계획이 느껴졌습니다. 어찌나 감사한지, 저는 하나님께 헌신하겠다고 기도했습니다.

대학을 졸업하고 교회에서도 보조 교사로 헌신하는 등 하나님께서 주신 은사를 사용하며 교회 생활을 하던 중 반갑지 않은 소식이 들려왔습니다. 셋째를 임신한 것입니다. 남편에 대한 원망도 있었지만, 누구 한 사람의 책임이 아니었습니다. 우리 부부는 아무도 모르게 병원에 가서 진찰을 받았습니다.

"산모님, 이거 참, 자궁에 혹이 보이네요. 그런데 수술해서 떼야 하는 혹입니다. 지금 임신 중이라 더 위험해요."

"그러면 아이도 포기해야 하는 거잖아요?"

"그렇죠."

이 이야기를 듣는데, 제 마음속에 '아니다. 하나님이 고치신다'는 믿음이 생겼습니다. 간절히 바란 아이는 아니었지만 하나님이 주신 자녀이기에 포기할 수 없었습니다. 결국 수술을 미루고 아이를 살리기로 했습니다. 그러나 혹이 자라고 있다는 생각이 들 때마다 걱정이 되었습니다. 그래서 셋째를 열 달 품고 있는 내내 병원 한번 가지 않았습니다. 괜히 수술을 안 했다고 뭐라 할까 봐 두려웠습니다.

열 달이 흘렀고 출산이 임박한 상황이 되어 둘째를 낳은 병원으로 갔습니다. 담당 의사에게 한 소리 들을 각오로 갔습니다. 혹이 있지만, 아이가 우선이기에 출산하겠단 의지를 보이자 오히려 의사 측에서 또 한번 해보자는 것입니다.

"지금 초음파로는 혹이 안 보입니다. 태아가 가리고 있는 것 같아요. 그러니 일단 아이부터 낳고 그다음 종양에 대해 계획을 세워보시죠."

막상 셋째를 자연분만하려니 말할 수 없는 두려움이 생겼습니다. 나이도 나이지만 산모로서 받아야 할 검사를 하나도 받지 않았으니 말입니다.

'저 살자고 아이를 포기하는 게 두려워 내린 결정입니다. 하나님이 책임져 주세요.'

기도만 드릴 뿐이었습니다. 교인과 가족들이 중보 기도해 주었습니다. 마침내 분만이 시작되었습니다. 해산의 고통은 여전히 심했고 진통 끝에 셋째가 세상에 나왔습니다.

"축하합니다. 고생하셨어요. 산모님, 딸입니다."

그리곤 곧바로 담당 의사가 놀라운 소식을 알려왔습니다.

"산모님, 그런데 혹이 안 보여요. 깨끗합니다."

"네? 정말이세요?"

"그럼요. 이상 없습니다."

저절로 할렐루야가 나왔습니다. 종양이 사라진 것입니다. 아이들을 출산할 때마다 하나님께서 보여주신 은혜와 기적이 놀라웠습니다. 그런데 사람이 간사한지라 기적처럼 세 아이를 허락해 주신 감사도 잠시, 아들이 귀한 시댁에 미안함이 들었습니다. 아들이 아닌 서운함에 울기도 했습니다.

그러던 차에 남편에게 좋지 못한 일이 생겼습니다. 남편은 대기업에 다니고 있었는데 그즈음 구조조정으로 해고가 되었습니다. 새로운 일을 찾아 청평으로 이사하는 상황이 되었습니다. 마음이 편치 않았습니다. 그래도 그곳에서 작은 교회를 만나 주일학교 교사로 봉사했습니다. 세 아이의 엄마로, 또 아이들을 가르친 경험과 미술 전공을 살려 주일학교 교사 일을 참 재미있게 했습니다. 그러다 보니 20명 남짓하던 주일학교 학생이 점차 80명까지 부흥했습니다. 가정 상황은 좋아지지 않았지만, 하나님의 은혜로 충만했고 은사를 사용하시는 하나님께 감사했습니다.

그런데 어느 날, 또다시 몸이 무거워지는 등 이상한 증상이 나타났습니다. 설마 하며 춘천 한림대학병원을 가보니 넷째 임신 소식이었습니다. 난감했습니다.

"선생님, 저는 마취 쇼크가 있어서 제왕절개도 못 합니다. 둘째 셋째를 자연분만으로 낳았으니 넷째도 자연분만으로 낳아야 합니다. 가능할까요?"

그 역시 고민을 하더니 자연분만을 시도해 보자고 했습니다. 그런데 그토록 바랐던 아들이 아니었습니다. 그땐 참 서운했지만 그래도 하나님이 이 자녀를 주신 데는 분명히 계획이 있을 거라 믿었습니다.

출산이 임박했고 담담한 마음으로 분만실에 들어갔는데, 얼마 뒤 응급상황이 되었습니다. 수술해야 한다는 말과 함께 대학병원 의료진이 모여들었습니다. 대체 무슨 일이 벌어진 것인지 궁금해하고 있을 때, 담당 의사가 이렇게 말했습니다.

"지금 당장 수술하지 않으면 산모 아이 모두 위험해요."

목소리부터 사태가 심각하다는 것을 알 수 있었습니다. 들어 보니 제 배가 헤진 고무풍선처럼 너덜너덜해져서 그 상태로는 자연분만이 불가능하다는 것입니다. 갑자기 마스크가 씌워지는데 순간 또 한 번 하나님의 기적을 기대할 수밖에 없었습니다. 이젠 정말 끝일 수도 있겠단 생각에 입술만 달싹거리며 기도했습니다.

얼마쯤 지났을까. 환한 병실 불빛이 보이며 사람들 형상이 하나둘 보이기 시작했습니다.

"산모님, 정신이 드세요?"

"네… 저 살았나요?"

"그럼요. 산모도 아이도 다 건강합니다."

순간 '아… 살았구나. 하나님이 살려주셨구나.'

그런데 더 놀라운 선물이 있었습니다. 제 팔에 파란색 팔찌가 끼워져 있던 겁니다. 간호사에게 색깔이 잘못됐다고 하니, 간호사가 그러는 겁니다.

"파란색 팔찌 맞아요. 아들 낳으셨는데요."

"네? 뭐라고요? 진짜요?"

너무 놀라하고 있는데 저 멀리 남편이 입이 귀에 걸려 들어오는 모습이 눈에 들어왔습니다.

"수고했어. 야, 하나님이 아들을 주셨어. 성별까지 바꿔서 주셨다."

남편의 말처럼 하나님은 불가능을 가능케 하시는 분이셨습니다. 저희 가정에 네 아이를 보내주신 과정은 그분이 철저히 계획하고 준비하시고 이루신 기적이었습니다.

아이들을 위한 은사

네 아이의 엄마가 된 뒤 남편이 복직되면서 다시 인천으로 오게 되었습니다. 남편은 성가대원으로 헌신하고, 저는 올해부터 중고등부 교사를 시작했습니다.

하나님께 받은 은혜가 너무 커서 무조건 순종하며 살아야 했지만 자녀에 대한 욕심 때문인지 진학에 어려움도 겪었습니다.

하지만 하나님은 그것을 선으로 바꾸셨습니다. 저로 하여금 자녀들을 온전히 하나님께 맡기게 하셨습니다.

목소리가 좋은 남편은 늦게 대학에 들어가 성악을 공부하면서 교회 성가대 솔리스트로 봉사하고 있습니다. 하나님께서 저희 가정을 아끼신다는 것을 철저히 믿기에 예전부터 준비시킨 아이들을 위한 헌신의 일을 감사함으로 하고 있습니다.

저는 전형적인 소심한 A형입니다. 하지만 주일학교 교사란 타이틀만 주어지면 저도 모르게 용기가 솟고 예수를 자랑하고 싶은 마음이 커집니다. 아마도 하나님께서 아이들을 사랑하는 마음을 주셨고 그로 인해 은사를 발휘할 기회를 허락해 주셨다고 생각합니다. 저는 주일학교에서 헌신했던 시간이 가장 소중합니다.

'하나님 저는 할 수 있는 게 아무것도 없잖아요. 그렇지만 하나님은 제 손을 통해 영광을 받으셔야 하잖아요. 그러니 잘할 수 있게 도와주세요.'

늘 부족한 재능을 위해 기도하니 하나님께서 용기, 담대함, 재능을 주셨습니다. 피에로 복장을 하고 전도대회에 나갈 때도, 교회 앞마당에서 주일학교 달란트 잔치를 할 때도, 누구보다 재미있고 신나게 봉사할 힘을 주셨습니다. 그래서 저는 지금도 이렇게 기도합니다.

'하나님, 제가 하나님 안에서 까불고 노는 자녀가 되게 해 주세요. 이 명랑한 에너지가 주일학교 아이들뿐만 아니라 중고등부

아이들, 제가 지도하는 아이들에게 전달되기를 바랍니다. 그래서
아이들 모두 하나님 안에서 까불고 노는 신앙으로 성장하길 기도
합니다.'

05

찬양 안에서
만난 주님

진현주 청년

저는 '찬양 안에 거하시는 주님'이란 말에 가장 크게 반응할 수 있는 청년입니다. 주님은 찬양받으실 대상이고, 하나님께서 찬양 가운데 저를 만나주셨기 때문입니다. 저는 현재 부평제일 청년교회에서 찬양 인도자로 봉사하고 있습니다. 신앙생활의 연수가 짧아 부끄럽지만, 제게 신실한 계획을 보여주신 하나님을 증거하고자 합니다.

교회 뜰만 밟은 시간들

어린 시절 작전동에 살다 연수동으로 이사하면서 교회를 다니게 되었습니다. 지금도 얼핏 성탄절에 교회 행사를 했던 모습이 기억납니다. 그러나 교회가 이사하면서 멀리까지 교회 가는 것이 귀찮아졌습니다.

"현주야, 주일인데 예배드리러 가야지."

"응. 나중에."

이런 대화가 수없이 반복되었습니다. 그러면서 제 안에 하나님은 없고, 교회 다니는 사람을 이해하지 못하는 세상의 청년으로 성장했습니다.

한창 대학 생활을 즐기며 살던 저에게 사건이 일어났습니다. 가장 친한 친구와 사소한 일로 관계가 틀어지면서 멀어지게 된 것입니다. 친구가 인생에 많은 부분을 차지했기에 마음의 공허가 컸고 그 빈자리가 너무 힘들었습니다.

친구와의 관계가 깨지니 기댈 곳을 찾았습니다. 다른 친구를 사귀고 싶어 엄마에게 교회에 가겠다고 했습니다. 십 년 만에 교회에 다시 나가려니 무척 쑥스러워 어른 예배만 참석하려 했습니다. 하지만 엄마가 강수를 두셨습니다. 저를 청년교회에 등록 시키신 것입니다.

청년교회에 나가 예배를 드리는데 생각보다 청년들이 많아서 놀랐습니다. 처음에는 존재감이 없었지만 여러 형제자매들과 가까워지면서 교회에 적응하게 됐습니다. 저는 우연히 성령 충만한 지체들과 친해지게 되었습니다. 그들과 어울리며 그들이 사랑한다는 '하나님'이 궁금해졌습니다.

어느 날, 금요 기도회에 참석했습니다. 성령이 임한 지체들이 혀를 굴리며 이상한 소리로 기도하는 모습을 생전 처음 보고 놀랐습니다. 호기심이 많은 저는 친한 언니에게 물었습니다. 그러자 그 기도가 방언이며, 성령님이 임하시면 방언으로 기도하게 된다고 얘기해주었습니다.

그만큼 저는 모르는 것이 많았습니다. 그저 교회에서 만나는 친한 언니들의 하나님이 내 하나님이겠거니 하며 교회를 다녔습니다.

유학 기간에 일어난 변화

그러던 중 중국 유학의 기회가 생겼습니다. 중국어과가 복수전공인 저는 중국어를 제대로 배우고 싶었습니다. 가깝게 지낸 교회 지체들과 헤어지는 게 서운했지만 설렘이 더 컸습니다.

"현주 자매, 중국 가서도 신앙생활 잘해야 해. 중국 가면 한국인 교회도 있고, 현지교회도 있을 테니까 잘 알아보고, 가서도 기도 많이 해."

저는 별 걱정을 다한다고 생각했습니다. 주일을 지키는 게 뭐 어려울까? 하지만 교회가 학교에서 너무 멀었고 가는 길도 쉽지 않아 그 수고를 감내하는 게 힘들었습니다.

'오늘은 너무 피곤한데 한 주 쉴까?'

어린 시절 교회가 이사하면서 하나님과 멀어져 버린 그 상황이 되었습니다. 한 주 두 주 빠지다가 한 달이 되고 두 달이 되었습니다. 처음에는 양심에 찔렸지만, 시간이 지나니 무뎌졌습니다.

중국에 언어연수를 받으러 갔기에 일정이 그리 빡빡하지 않아 공부, 여행, 친구 사귀기 등으로 시간을 보냈습니다.

"현주야, 오늘 술 마시러 갈까?"

저녁이 되면 친한 언니·오빠들과 삼삼오오 모여 양꼬치와 칭따오 맥주를 마시며 지내는 것이 큰 재미였습니다.

그러던 어느 날, 초저녁부터 술을 마시는데, 한 친구가 저에게 이러는 겁니다.

"너는 교회 다닌다는 애가 왜 이렇게 술을 잘 마셔?"

그 말이 심장에 콕 박혔습니다. 크리스천은 제가 유일했습니다. 그런 사람이 양꼬치와 칭따오 맥주를 즐겨 마셨으니 결코 좋은 본이 되지 못한 것입니다. 순간, 회개가 되었습니다. 하나님을 모르는 사람들에게 하나님을 전하지는 못할망정 제가 방해가 되었다는 것을 알았습니다. 그날 이후 술을 끊었습니다. 지금 생각해도 어떻게 한순간에 술을 끊었을까 싶습니다. 성령님의 도우심이 분명했습니다.

'주님, 죄송합니다. 지금까지 무늬만 크리스천이었습니다. 앞으로 하나님 일하시는 데 방해자가 되지 않겠습니다.'

세상 문화에 휩쓸리지 않겠다고 다짐한 뒤, 저는 교회를 제대로 다니겠다고 결심했습니다. 바로 그 주 주일부터 '대련 온누리교회'에 출석했습니다. 청년예배를 드리던 중 이왕 하나님 앞에 서기로 한 거 제대로 하자는 마음이 들었습니다.

"전도사님. 저 찬양단 하고 싶습니다."

"현주 자매, 고마워요. 찬양단에 들어오면 신앙 훈련에 꼭 참석 해야 해요."

"네. 좋습니다."

찬양단에 들어가서야 전도사님의 말씀이 무슨 의미인지 알 수 있었습니다. 찬양단은 찬양만 연습하는 것이 아니라 성경 공부를 하고, 각종 신앙 서적을 읽고 토론해야 했습니다. 하나님을 예배할 수 있도록 신앙의 기초를 세우는 훈련의 과정을 밟아야 했습니다.

차츰 하나님의 말씀이 달게 느껴졌고 기쁨이 넘쳤습니다. 교회 가는 것이 기대되고 그 공동체에 있는 것이 즐거웠습니다.

그러던 어느 날 대규모 찬양집회에서 싱어를 맡게 되었습니다. 그런데 찬양과 은혜가 넘치는 그 자리에서 기도도 집중도 되지 않았습니다. 다른 것들이 제 머릿속을 가득 채웠습니다.

'왜 이럴까, 왜 이렇게 집중이 안 되지?'

이때 떠오르는 생각이 있었습니다.

'아, 사탄의 방해구나. 내가 하나님께 가까이 다가갈수록 사탄의 방해가 심해진다더니 지금이 그 상황이구나. 이 순간 분명 하나님께서 함께하시는구나!'

이 체험으로 저는 정말 하나님이 계신다는 사실을 확신할 수 있었습니다. 그날 이후 하나님의 은혜와 사랑이 정말 감사했습니다. 그리고 기쁨으로 유학 생활을 마칠 수 있었습니다.

어느덧 연수 기간이 끝나고 있었습니다. 중국어를 배우기 위해 중국에 왔다고 생각했는데 돌아갈 때가 되어 알게 되었습니다. 누군가의 하나님이 아닌 나의 하나님을 알게 하시려고 중국에 보내셨다는 것을.

중국 연수를 마치며 저는 감사의 기도를 올렸습니다. 의심과 핑계가 많던 저를 하나님의 자녀를 세워주신 것, 하나님이 어떤 분인지 알게 하시고 더 방황하지 않도록 하신 것, 찬양의 달란트를 알게 해주신 것, 나를 자녀처럼 챙겨주시는 성도님들의 헌신 속에 외로움과 어려움 없이 유학 생활을 마치게 해주신 하나님께 감사했습니다.

특히 유학 기간에 늘 제 귓가에 맴돌던 찬양 '주만 바라볼지라'의 '네가 어느 곳에 있든지 주를 향하고 주단 바라볼지라'라는 가사는 제가 어떤 자리에서도 하나님만을 바라보길 원하셨음을 깨닫게 했습니다.

삶이 찬양되게 하신 하나님

1년을 보내고 한국에 돌아와 청년교회 지체들에게서 가장 많이 듣던 말이 있습니다. '변했다'입니다. 좋은 의미에서의 변화였습니다. 방언을 이상하게 여기던 제가 아니라 은혜를 누리고 있는 저를 그들도 느꼈던 것입니다. 하지만 그 은혜가 계속 채워져야 했는데 시간이 흐르면서 조금씩 희석되었습니다.

그러는 가운데 대학을 졸업하고 진로에 대해 고민하게 되었습니다. 사실 저는 다른 전공자들과 달리 그림을 따로 공부하지 않고 대학에 들어와 디자인을 전공했습니다. 그림에 재능이 있긴 했지만, 그 재능을 훈련하겠다는 생각이 없었습니다. 그런데 고 3 때 디자인학과에 원서를 넣었고 실기 전형에서도 술술 그림이 그려졌습니다. 되돌아보니 하나님의 인도하심이었습니다.

하지만 대학 졸업을 한 뒤 전공을 살리겠다는 생각은 하지 못했습니다. 이것저것 해보고 싶은 일도 많고, 새로운 일에 대한 호기심도 많으며 도전 의식이 강했기에 뭔가 다른 일을 찾았습니다. 한때 수영에 빠져서 수영 강사를 했고, 카페 매니저를 맡아 카페 운영도 하는 등 여러 경험을 했습니다. 그러다 결혼하고 임신을 한 친구와 이야기를 나누게 되었습니다. 자연스럽게 그 친구와 이야기하면서 아이디어를 얻게 되었습니다.

“임신해서 좋지? 그런데 불편한 건 없어?”

“몸이 불어나니까 맞는 옷도 없어. 특히 속옷은 더 그래.”

“속옷?”

“임산부들이 입는 속옷이 마땅치 않거든. 임산부도 예쁜 속옷 입고 싶다고.”

“임산부 속옷? 와, 그런 거 생기면 좋겠다.”

이렇게 재미삼아 이야기하다 얻은 아이디어에서 속옷 사업에 뛰어들게 된 것입니다. 임산부를 위한 디자인 속옷, 찾아보니 국내에는 그런 브랜드가 없었습니다. 사업을 고민하다가 으뜸이란 친구와 함께 일하게 되었고, 이 기업이 하나님께서 일하시는 기업이 되길 함께 기도했습니다.

속옷 브랜드명을 ‘피어나’로 정한 뒤 야심차게 제품 개발에 들어갔습니다. 가장 큰 문제는 자금이었습니다. 어떻게 하면 안정된 자본으로 사업을 할 수 있을까 고민하던 중 반가운 소식을 들었습니다.

‘청년 사업가를 위한 국가 지원 사업’

좋은 아이디어가 있지만, 자본력이 부족한 청년 사업가들을 위해 국가에서 지원금을 주는 제도였습니다. 지원금을 받기 위해 백방으로 노력했지만 잘되지 않았습니다. 우리 제품으로는 지원금 받기가 어렵다는 것을 알게 되었습니다. 대부분 4차 산업과 관련된 업체와 특허, 기술이 있는 곳만 당선되었기 때문입니다. 제조업은 당선될 확률이 낮았습니다.

하나님께 계속 기도하던 중 한 가지 지혜가 떠올랐습니다. 참가 지역을 바꾸는 것이었습니다. 지자체마다 지원금 제도가 있으니 인천에서만 신청할 게 아니었습니다.

'하나님, 이번에 좀 도와주세요.'

간절한 마음으로 기도했을 때 울산의 국가지원금 사업에 당선되었단 소식이 들려왔습니다. 동업자와 저는 손을 맞잡고 감사기도를 드렸습니다. 나중에 알고 보니 울산 국가지원금 담당자가 크리스천이었습니다. 그분은 많은 신청 기업 중에 우리 브랜드를 보는 순간 도와주고 싶었다고 했습니다. 그분은 사업을 진행하는 동안 울산으로 오고 내려가는 과정을 최소화해 주셨고 나중엔 인천시로 연계해 주셨습니다.

4천만 원이라는 큰 지원금을 받고 피어나는 본격적으로 속옷 브랜드 론칭에 나섰습니다. 이 땅의 임산부는 무조건 편한 속옷만 입는다는 편견을 깨고, 예쁜 속옷을 입을 권리를 전해주는 첫 삽을 뜨는 과정에서 공장 관계자들, 속옷 디자이너 등과 접촉했습니다. 그 결과 괜찮은 시제품이 완성되었습니다. 출산 뒤 몸매를 보정할 수 있는 속옷을 개발했을 때, 아주 큰 반향은 얻지 못했지만 속옷을 입어본 소비자들에게 좋은 평가를 얻었습니다.

2017년에 시작한 브랜드 '피어나브라'는 1년 넘게 임산부를 위한 속옷을 개발했고 인터넷 쇼핑몰을 통해 소비자와 만나고 있습니다. 사업 초기라 투자와 개발이 계속되어 재정적으로 어려움이 많았습니다. 처음엔 부모님께 도움을 청했지만 그래서는 안 되겠다는 생각이 들었습니다.

'하나님께 이것도 기도해보자.'

저는 엎드려 기도했습니다. 하나님은 작은 신음까지도 응답하시는 분이시기에 그분 앞에 가서 누구에게도 전하지 못한 마음, 말하지 못한 어려움을 눈물로 털어놓았습니다. 하나님은 그때마다 필요한 것을 채워주셨습니다.

한번은 급하게 돈이 필요했습니다. 당장 내일 처리해야 할 돈이 500만 원이라 고민이 많았습니다. 마침 부평제일교회 미스바특별새벽기도회가 진행되고 있었습니다. 무작정 새벽기도를 드리러 교회로 갔습니다. 저는 모두 내려놓고 울며 구했습니다.

'주님, 저 너무 힘들어요. 제 신음을 듣고 응답해 주시는 하나님, 주만 바라봅니다.'

나도 모르게 찬양 가사를 읊조리며 기도했습니다. 그러자 말할 수 없는 평안함이 밀려왔습니다. 이런 평안함은 처음이었습니다.

그렇게 새벽기도회를 마치고 돌아갔는데 그날 상황이 이상하게 변해갔습니다. 당장 500만 원이 필요했던 상황이 여러 변수로 300만 원으로 준 것입니다. 또한 그날따라 속옷이 어찌나 많이 팔리는지 금세 300만 원이 채워졌습니다.

'하나님, 하나님의 방법은 이런 것이군요.'

저절로 감사와 찬양이 나왔습니다. 사업을 하면서 이런 일은 많았습니다. 사업은 내가 하는 게 아니라 주님께서 주관하고 계신다는 것을 알게 되었습니다. 하나님은 우리의 어려운 형편과 사정을 미리 아시고, 당신의 방법으로 채우신다는 것도 알았습니다.

찬양단 리더로의 비전

중국 유학을 다녀온 후, 은혜로 변했다는 말을 많이 들었는데 이것도 시간이 조금씩 흐르면서 점점 무뎌지고 있었습니다. 늘 성령의 인도하심에 예민하게 반응해야 한다는 것을 알면서도 기도를 소홀히 했습니다. 슬럼프가 오기도 했습니다. 교회를 비판하고 누군가를 정죄하고 예배가 싫어졌습니다. 이런 저를 김성남 목사님과 정화순 사모님께서 붙잡아 주셨습니다.

"현주야, 아무리 힘들어도 어디 가면 안 돼. 무조건 하나님 교회 안에 있어야 해."

많은 고민으로 찬양 인도자의 자리도 내려놓고 싶었지만 그

단호한 말씀 덕분에 교회에 머무를 수 있었습니다. 그리고 그 상황 속에서도 은혜 주시는 하나님을 만날 수 있었습니다.

'이런 일에도 흔들리고 넘어지는 내가 찬양 인도자의 자리에 서 있는 것이 가당키나 한가?' 싶은 마음이 들 때면 사탄의 방해라 여기고 더 하나님 앞으로 나아갔습니다.

'주님, 중국에 있을 때 뜨겁게 경험했던 성령님을 이곳에서도 만나게 하옵소서.'

찬양단 리더가 되니 더 많이 기도하고 모임을 통해 말씀을 나누는 등 중국에서 받았던 은혜의 시간이 다시 시작되었습니다. 식었던 가슴이 뜨거워지면서 그동안 제가 정죄하고 판단했던 것이 영적 교만이었음을 깨달았습니다. 회개하면서 은혜의 시간이 다시 찾아왔습니다. 깨어진 관계가 회복되고 청년교회 지체들이 찬양으로 변화되는 모습을 보았습니다.

3년째 청년교회 찬양 리더로 섬기면서 슬럼프가 가끔 찾아오기도 합니다. 이미 그것을 경험했기에 하나님을 떠나지 않고 그 자리에 서 있으면 성령의 은혜가 다시 부어진다는 것을 알고 있습니다. 그렇기에 저를 비롯한 찬양단 모두가 끝까지 그 자리를 지키게 해달라고 중보하고 있습니다. 아직은 어린아이와 같은 믿음이지만 청년들에게 나누고 싶은 이야기가 있습니다.

"예전에 저는 제가 열심히 하면 하나님을 만날 수 있다고 생각했어요. 그건 잘못된 생각이었습니다. 하나님을 아는 유일한 방법은 하나님께서 나에게 은혜를 부어주시는 것입니다. 내가 할 수 있는 것은 그 은혜를 계속 구하고 하나님 앞으로 나아가는 것 밖엔 없습니다."

여호와는 나의 목자시니 내게 부족함이 없으리로다

그가 나를 푸른 풀밭에 누이시며 쉴 만한 물 가로 인도하시는도다

내 영혼을 소생시키시고 자기 이름을 위하여 의의 길로 인도하시는도다

내가 사망의 음침한 골짜기로 다닐지라도 해를 두려워하지 않을 것은

주께서 나와 함께 하심이라

주의 지팡이와 막대기가 나를 안위하시나이다

주께서 내 원수의 목전에서 내게 상을 차려주시고

기름을 내 머리에 부으셨으니 내 잔이 넘치나이다

내 평생에 선하심과 인자하심이 반드시 나를 따르리니

내가 여호와의 집에 영원히 살리로다

시편 23편

여호와 로이

목자가 되어 주신 하나님

06

나를 꼭 붙들고 가시는 하나님

박진영 권사

제 나이 70대 후반, 여든을 바라보지만, 지금껏 일하고 있습니다. 어린이집 차량을 운행하며 매일 아침 어린 영혼들을 만나고, 오가는 발걸음을 돕는 일을 하는 저를 보면, 감사만 나옵니다. 이미 은퇴하고도 남을 나이인데도, 가장 몸이 약했던 저를 끝까지 일할 수 있도록 하셨기 때문입니다. 일하는 게 힘들어 주님께 연약함을 고했던 제가 남들보다 더 오래 건강하게 일하니, 이것부터가 은혜입니다. 그 하나님을 찬양합니다.

비뚤어진 나를 찾아오신 주님

저는 하나님을 믿지 않고 비판적인 사람이었습니다. 어린 시절 고향에서 전도를 받았지만, 도무지 그 존재가 믿어지지 않았습니다. 결혼하고 난 뒤 아내가 먼저 신앙생활을 했을 때도 콧방귀만 뀌었습니다.

'하나님? 의지 약한 사람들이나 믿는 거지.'

당시 저는 삶이 고달팠습니다. 하는 일마다 되지 않았습니다. 작전동으로 이사 올 때는 조그맣게 가내수공업을 했는데 신통치 않았습니다. 게다가 선천적으로 몸이 약해 여느 가장처럼 든든한 버팀목이 되지 못했습니다. 몸이 아프다 보니 신경질적이고 고압적이었습니다. 당연히 부부 관계도 좋지 않았습니다.

아이들이 백합유치원을 다니면서 아내가 부평제일교회에 나가 신앙생활을 시작했습니다. 아내는 태어날 때부터 약했던 둘째 아이의 건강 회복을 위해 더 열심이었습니다. 아내는 교회 권사님들을 따라 신유집회도 자주 쫓아다녔습니다. 엄마를 따라 교회학교에 다니는 세 자녀도 교회 안에서 잘 자랐습니다. 불신자였던 제가 보기에도 아이들의 신앙은 좋았습니다. 작은 입술로 '아멘' '아멘' 하는 모습이 어찌나 야무졌는지 믿지 않는 제가 봐도 기특했습니다.

그러던 어느 날, 시험을 앞둔 아이들과 시험을 잘 보면 어떻게 해줄까 하는 이야기가 나왔습니다. 그런데 세 아이 모두 생각지도 않은 소원을 말하는 것입니다.

"아빠가 교회 다녔으면 좋겠어요."

그 자리에서 "그러마" 했습니다. 이전부터 아내 권유도 있었고 돈 들어가는 일도 아니고, 대단한 수고를 하는 것도 아니기 때문입니다. 그런데 아이들의 성적은 기대 이상이었고 저는 꼼짝없이 교회에 나가게 되었습니다. 약속은 약속이라 우선은 새벽기도회를 다녀보고 나서 교회에 등록하겠다고 했습니다. 첫 주일 예배를 드리는데 담임 목사님의 설교 말씀이 하나도 이해되지 않았습니다. 그 이후에도 교회에 가면 일주일간 쌓인 피로로 몸은 천근만근, 눈꺼풀은 졸음 때문에 계속 내려왔습니다. 게다가 교회라는 공동체가 처음이라 정도 못 부치고 혼자 덩그러니 있었습니다. 물과 기름처럼 지내는 내게 김준성 장로님이 큰 위로가 되어 주셨습니다.

"성경을 이해 못 하시겠다고요? 성도님, 말씀은 이해하는 게 아니라 무조건 믿는 거예요. 더욱 순종해야 해요. 그리고 하나님은 언제나 당신이 택한 종의 편이기에 하나님의 종에게도 순종해야 합니다."

김 장로님은 신앙적인 문제부터 잘못된 생각을 바로 잡아주셨습니다. 또다른 장로님이신 정 장로님도 속장으로 본을 보여 주시며 예수의 향기를 내주셨습니다. 그 덕에 교회에 정이 생겼지만 여전히 겉도는 신앙이었습니다. 아마도 영혼과 육신 모두 지쳐있는 상태였던 것 같습니다.

당시 저는 하던 일을 그만두고 새로운 일을 시작한 상황이었습니다. 용인 골판지 공장에서 판지를 운송하는 일이었습니다. 다른 사람에 비해 몸이 약했던 저는 육체적인 노동 일이 버거웠습니다. 일을 하고 돌아올 때, 온몸이 결려서 잠을 못 잘 정도였습니다. 양팔을 비롯해 허리, 다리 안 아픈 곳이 없을 정도로 고되어 날마다 잠자리에 들 때면 앓는 소리가 저절로 났습니다. 차라리 죽는 게 낫겠다는 못된 생각도 했습니다.

일주일 내내 중노동에 시달리다가 주말에 집에 오면 아이들이 쑥쑥 자라있었습니다. 놀랍게도 아내가 아이들과 저녁마다 가정예배를 드리고 있었습니다. 그러다 내가 가면 온 가족이 모여 예배를 드린다며 좋아했습니다. 부끄러운 일도 있었습니다. 사도신경과 주기도문을 제대로 외우지 못하는 데다 성경을 제대로 찾지 못하니, 막내아들이 주기도문은 외워야 하는 거라며 무안을 주기도 했습니다. 아이들이 제 신앙의 스승이었습니다.

어느 주일 예배 시간이었습니다. 그날따라 몸이 너무 피곤해 나도 모르게 끙끙 앓는 소리를 냈습니다. 기도 시간에는 저절로 신세 한탄을 하며 눈물을 흘렸습니다.

"하나님, 하나님. 저 너무 힘듭니다."

누가 듣건 말건 하나님 앞에서 아이처럼 울며 기도했습니다.

"하나님, 제 아픈 곳만 낫게 해 주시면 열심히 일하겠습니다. 그리고 그 돈으로 살아가는 우리 가족들이 하나님 일을 열심히 하도록 하겠습니다."

가슴이 울컥하며 뜨거워졌고 주체할 수 없는 눈물이 흘렀습니다. 얼마나 울었을까요. 언제 예배가 끝났는지도 모를 정도로 시간이 흘렀습니다. 기도를 마치고 일어서는데 이게 웬일입니까. 허리가 아파 잘 걷지도 못한 채 들어왔는데, 온몸이 가뿐해지더니 허리가 쫙 펴지는 겁니다. 하도 신기해서 털썩 주저앉았다가 다시 일어났습니다. 멀쩡했습니다.

"할렐루야! 하나님, 저를 고쳐주셨군요. 감사합니다."

이런 체험은 처음이라 벌렁거리는 가슴으로 교회 현관문을 나섰습니다. 목사님과 인사를 하고 마당으로 내려가는데, 순간 억울하다는 생각이 들었습니다.

'가족들은 하나님 일을 하는데, 나는 평생 일만 해야 하나?'

가장으로서 당연한 일인데도 괜히 혼자 고생한다는 생각이 드는 겁니다. 한번 이런 마음이 드니 걷잡을 수 없이 울적해졌습니다. 집으로 와서 그 마음을 달래려 막걸리를 꺼내 들었습니다. 막걸리 잔을 입으로 가져가는데 잔을 든 팔이 갑자기 저릿하더니 순간적으로 마비되었습니다. 동시에 마음을 울리는 음성이 들려왔습니다.

"네 맘대로 하면 나도 모른다."

지금도 그 음성이 선명합니다. 그 음성이 폐부를 찌르며 깨달음을 주었습니다. 하나님은 분명 제 아픈 몸을 고쳐주시며 자신의 존재를 보이셨는데 그걸 믿지 못하고 의심하는 저를 깨닫게 하신 겁니다. 보잘것없는, 의심 많은, 하자 있는 저에게 사랑을 보여주신 것입니다. 그날 이후 저는 하나님에 대한 의심의 구름을 완전히 걷어냈습니다.

'하나님, 이제 정말로 하나님을 믿겠습니다.'

그때부터 성경 말씀을 읽기 시작했습니다. 이전에도 성경을 읽으려 했지만 첫 줄부터 막혔습니다. 그런데 이번에는 성경 말씀이 술술 읽혔고 의심도 사라졌습니다. 그렇게 1년이 지나고 세례를 받게 되었습니다. 성탄절 이브에 세례를 받는데, 회사 일로 예배에 지각하게 되었습니다. 하나님은 이런 저를 불쌍히 여기셔서 정전을 통해 시간을 벌게 하셨고 무사히 세례를 받을 수 있었습니다.

쉴 만한 물가로 인도하심

예수님을 영접하기 전까지 저희 부부는 관계가 그리 좋지 않았습니다. 워낙 연령 차이도 크고 살아온 환경도 달랐습니다. 아내는 공직자의 집안에서 안정적으로 자랐지만 저는 그렇지 못했습니다. 서로 차이 나는 환경 때문인지 저는 신경이 예민했고 그런 남편에게 아내는 상처를 많이 받았습니다. 저는 밖에서 일한다는 핑계로 아내 마음을 달래주기는커녕 저의 힘든 상황만 이해해주길 바랐습니다. 서로에게 마음의 빗장을 걸어 잠그고 살았던 것이지요. 하는 일도 잘 풀리지 않아 관계가 악화되기도 했습니다. 그러다가 아내가 예수님을 영접하고 나서 조금 달라지기 시작했습니다. 물론 갈등이 있었지만, 이전보다는 덜 했습니다. 그러나 제가 변하지 않은 탓에 의견 충돌이 있었습니다. 그러나 하나님이 저를 변화시킨 뒤로는 달라졌습니다.

담임 목사님께서 가정에 대한 내용, 부부간의 사랑과 인정에 관해 설교하시면 저 자신이 참 부끄러웠습니다. 넉넉치 않은 삶 가운데 서로를 탓하며 살아온 시간이 부끄러웠고 미안했습니다.

'남편은 그 아내에 대한 의무를 다하고 아내드 그 남편에 대해 그리할지라, 아내는 자기 몸을 주장하지 못하고 오직 그 남편이 하며, 남편도 그와 같이 자기 몸을 주장하지 못하고 오직 그 아내가 하나니'(고전 7:3~4)

이 말씀을 읽으면서 우리 부부는 서로 동등한 관계에서 존중해야 한다고 깨달았습니다. 모든 것이 제 탓임을 알자 아내에게 진심으로 미안했습니다. 그동안 잘못해 준 일만 떠올랐고 권위적인 태도도 누그러졌습니다.

그 무렵, 아내는 뭔가 답답하다면서 교인들과 함께 기도원을 갔습니다. 며칠 뒤 기도원에서 온 아내가 저에게 자신이 기도원에서 체험한 이야기를 해주었습니다.

"기도원에서 자다가 꿈을 꾸었는데요. 목사님이 우리 집 심방을 오신다는 거예요. 그래서 부지런히 집을 오는데 당신이 술에 취해서 집으로 오지 않겠어요. 주머니란 주머니는 온통 뒤집어진 채로 비틀거리더라고요. 담임 목사님이 도착하셔서 함께 현관문을 여는데 우리 집 살림이 난장판이 됐더라고요. 그리고 꿈을 깼어요. 하도 꿈이 불길해 이영숙 권사님께 말씀드리니 아마도 예수님이 우리 집을 오셔서 어지러운 상황을 아셨으니 해결해 주실 거라고 하더군요."

아내는 또 다른 체험도 이야기해 주었습니다. 그날 점심을 먹은 후 동굴에서 기도하고 내려오다가 김 장로님과 함께 다시 산 기도를 하러 올라갔다고 합니다. 꿈속에서 보았던 제 모습을 떠올리며 간절히 기도하는데, 순간 구렁이가 몸 주위를 도는 모습이 환상으로 보이더랍니다. 아내가 순간적으로 사탄이라는 생각이 들어 담대하게 '사탄아 물러가라' 선포하며 기도하자 뱀이 흔적조차 없이 사라졌다고 합니다.

생각해보니 아내가 저를 위해 마귀와 싸우며 기도하던 시간은 제가 아픈 어깨를 주무르다가 갑자기 시원해지는 시간이었습니다. 정확히 시간을 잰 것은 아니니 그 시간이 맞아떨어지지 않을 수도 있습니다. 그러나 맞지 않으면 어떻습니까. 아내가 저를 위해 어둠과 두려움을 딛고 기도하고 있었고 그 기도를 통해 하나님의 역사를 기대했다는 것이 중요하니까요. 우리 부부는 함께 감사의 눈물을 흘리며 마음의 문을 열어갔습니다.

사망의 골짜기를 다닐지라도

저희 부부는 자녀 문제로도 예민했습니다. 큰딸과 달리 둘째 딸은 태어날 때부터 약했습니다. 여러 병원에 다녀봤지만 얼마 동안은 정확한 병명이 나오지 않았습니다. 작은딸의 건강은 우리 부부의 최우선 기도 제목이었습니다. 아내는 아이가 어렸을 때부터 약하고 쓰러지는 터라 거의 아이 옆에 붙어 있었습니다. 지금도 그 아이를 둘러업고 신유집회에 참석하던 아내 모습이 눈에 선합니다.

둘째의 병명은 이것저것 검사를 한 결과 '부갑상선 기능 저하증'으로 진단받았습니다. 약을 먹으며 지냈는데, 그 아이를 위해 온 교회가 기도해주셔서 약도 줄일 수 있었습니다.

그런데 2011년 7월에 사건이 터졌습니다. 당시 저는 두 가지 일을 하고 있어 아내가 매일 2시간씩 제 일을 도와주었습니다. 그 시간에 집에 혼자 있던 둘째에게 사고가 난 것입니다. 저녁에 라면을 끓여 먹다 화상을 입은 것입니다. 그릇을 들다가 그만 삐

끗하는 바람에 뜨거운 국물에 화상을 입고 실신한 것입니다. 깨어났을 땐, 이미 살이 익어 깊은 상처를 입었습니다.

나중에야 그 사실을 알고 서둘러 화상 전문 병원으로 갔지만, 의사는 화상이 너무 깊어 회복이 어렵다는 답변을 내놓았습니다.

"피부이식수술을 세 번 이상 해야 할 것 같습니다. 그런데 워낙 화상 부위가 깊고 넓어서 본인 피부로는 모자랄 수 있고 인공 피부를 이식해야 할 것 같습니다."

가뜩이나 아픈 손가락인 자식이 화상까지 입으니 어찌나 속이 상하던지, 가족 모두 망연자실했습니다. 그 순간 떠오르는 분은 하나님이셨습니다. 우리가 감당할 수 없는 일을 겪을 때, 피할 곳을 주시고 친히 감당해주시는 하나님밖에는 의지할 곳이 없었습니다.

"우리가 믿을 곳은 하나님밖에 없다. 다들 각자 일터에서 하나님께 기도하자."

저는 하나님께 이 상황을 맡기기로 했습니다.

둘째의 고통스러운 치료가 시작되었습니다. 어린 시절부터 약한 몸 때문에 성격이 많이 예민하여 감정 기복이 컸고 자제력이 부족했기에 가장 고통스럽다는 화상 치료를 잘 견딜 수 있을지 걱정했습니다. 그런데 제 솔직한 심정은 아이보다 아내가 더 걱정스러웠습니다. 오랜 시간 아픈 아이로 인해 마음고생이 많았던 터라 이번 일로 더 낙심하면 어쩌나 두려웠습니다.

하지만 아내는 의연했습니다. 처음엔 혹시 포기한 건 아닌가 걱정했는데 알고 보니 믿음으로 이겨내는 중이었습니다.

"하나님이 우리를 위해 주시는 시련이니까 기도하며 이겨냅시다. 하나님 뜻이 무엇인지 깨닫고 순종하면 하나님이 우릴 축복해 주시겠다고 했어요. 무조건 기도하며 이겨냅시다."

아내의 믿음 고백은 제게도 도전이 되었습니다. 둘째의 치료는 상상을 뛰어넘는 고통의 과정이었습니다. 치료를 받는 모습을 보는데 차마 눈을 뜨고 보기 힘들었습니다. 상처에 드레싱을 하고 죽은 피부를 벗겨내는 과정은 신음으로 시작해서 신음으로 끝났습니다. 여러 명의 간호사가 붙잡고 드레싱을 하면 둘째는 자지러졌습니다. 딸아이의 울음소리가 온 병실을 울렸습니다. 저절로 눈물이 났습니다.

'하나님, 제 자식 좀 살려주십시오.'

저도, 의연한 아내도 날마다 예수님의 옷자락을 붙잡고 기도했습니다. 힘든 치료 과정이 얼마간 지났을 때 기다리던 피부 이식 수술이 다가왔습니다. 수술을 앞두고 담당 의사가 한 말은 실망스러웠습니다.

"앞으로 수술을 세 번 이상 할 텐데요. 원래대로 회복되는 건 불가능합니다."

하지만 우리 가족은 전지전능하신 하나님을 기대했습니다. 둘째가 수술을 잘 견딜 수 있게 해 주시고 성공적인 수술이 되어 하나님을 자랑하게 해달라고 기도했습니다. 감사하게도 온 교인들이 이 일을 위해 기도해주셨습니다. 아내가 아이 병구완으로 집을 비우는 일이 많다 보니 집사님, 권사님들이 반찬을 만들어 주시며 가정을 돌봐주셨습니다.

마침내 수술이 시작되었습니다. 초조한 마음으로 기도하며 기다렸습니다. 다섯 시간 정도가 흘렀을 때 문이 열리며 의사가 나왔습니다. 긴장한 우리 가족을 향해 수술이 잘 되었다며 안심시켜 주었습니다.

수술을 마치고 피가 마르는 심정으로 하루하루를 보냈습니다. 수술 결과가 나오기까지 2주가 걸렸습니다. 하루가 천년 같은 날이 지나고 2주가 지난 어느 날, 아내에게 전화가 왔습니다.

"수술 결과가 나왔어?"

"수…술… 더 안 해도 된대"

흐느끼느라 알아들을 수 없는 목소리였지만 무슨 뜻인지는 알았습니다. 할렐루야가 나왔습니다. 세 번을 해도 완전한 회복이 힘들다더니 한 번으로 피부 이식이 끝났다니 믿을 수 없었습니다. 하나님께서 우리 아이를 긍휼히 여기시고 우리 기도를 들어주셨구나! 감사가 나왔습니다. 우리 가족은 둘째 수술을 앞두고 인간적인 판단은 무시하고, 오로지 하나님의 능력으로 아이를 붙들어 달라고 기도했습니다. 우리는 단 한 번에 끝날 수 있도록 의사의 손을 빌려 당신의 능력을 나타내셨다는 확신이 들었습니다.

'하나님, 감사합니다. 과연 하나님은 우리가 사망의 음침한 골짜기를 지날 때도 해를 두려워하지 않도록 함께하셨습니다.'

성공적인 수술로 둘째는 빨리 회복되었습니다. 아이 역시 고통스러운 치료와 수술 회복의 과정을 겪으면서 하나님의 함께하심을 체험했나 봅니다. 이 과정을 겪으면서 예민했던 성격도 차츰 나아졌습니다. 그리고 어린이집 교사로 일하다가 담임 목사님께서 맺어준 인연으로 가정을 이루며 살고 있습니다.

가족의 목자가 되어주신 하나님

하나님은 저희 가정의 목자가 되어 길을 인도해 주셨습니다. 제가 살아온 길이 워낙 불안정해서 자녀만큼은 안정된 길을 가길 소원했는데, 주님은 아이들의 삶에 목자가 되어 이끌어 주셨습니다.

첫째 아이는 교육자가 되라고 권유했지만, 피아노를 전공했습니다. 가정 형편이 넉넉지 않아 음악교육이 어려웠지만, 하나님은 첫째 아이의 재능을 하나님께 영광 돌리는 일에 사용하셨습니다. 또한 사모의 길을 가도록 하셔서 그 어떤 교육보다 값진 일을 하게 하셨습니다. 영혼 구원에 도움을 주는 일꾼으로 삼으신 것입니다.

아픈 손가락이던 둘째는 육신의 연약함을 통해 하나님의 은혜를 깊이 체험했습니다. 그 아이가 걸어가면서 넘은 숱한 장애물을 가족이 함께 넘으면서 우리 가족의 신앙은 더욱 성장할 수 있었습니다.

딸 가진 부모로서 아이의 결혼에 대해 신경을 쓰지 않을 수 없습니다. 부족한 사람의 마음을 아셨는지, 이천휘 목사님을 통해 좋은 청년을 소개받은 딸아이는 우리보다 자신을 더 사랑해주는 시댁 어르신 아래서 가정을 이루며 살고 있습니다.

막내아들은 진학 문제로 애를 태웠습니다. 부모로서 교육대학을 권했지만, 아들은 다른 학교로 진학하면서 실망도 했습니다. 그 일로 아내는 여리고성을 무너뜨린 이스라엘 백성의 침묵 기도를 따라 하며 교육대학 운동장을 돌며 아들을 위해 기도했습니다. 아들은 2년 뒤 교육대학에 들어가겠다고 선언했습니다. 단 우리 교회 중국 찬양 선교를 다녀오겠다는 조건을 붙였습니다. 아이는 찬양선교를 다녀왔고 무난히 교대에 진학했습니다. 대입보다 열 배는 어렵다는 교사 임용고시도 합격해 교사가 되게 하셨습니다.

첫째는 목사 사모가 되어 영적 교육자의 길을 가고, 둘째는 어린이집 교사로 일하고, 셋째도 교사를 하고 며느리도 교사입니다. 하나님은 이렇게 온 가족이 교육자의 길을 가게 해주셨습니다. 이 부족한 자의 작은 소원, 작은 신음까지 응답해주신 하나님의 인도하심에 감사할 뿐입니다.

저는 여든을 바라보는 나이지만 버스를 운전하며 현업 생활을 하고 있습니다. 젊은 시절 약골이라 일을 하지 못할까 걱정했는데, 이제는 다른 이들보다 더 오래 건강하게 일하고 있습니다. 하나님께서 쓰시겠다면 쓰실 수밖에요. 저는 어린이집 차를 운행하면서 찬양을 듣고 연습합니다. 고령이지만 찬양 대원으로서 하나님께 영광 돌릴 수 있게 해 주신 은혜 때문입니다.

저는 아침마다 어린이집 버스에 오르면서 간단히 기도한 후에 찬송가 305장을 부릅니다.

나 같은 죄인 살리신 그 은혜 놀라워

잃었던 생명 찾았고 광명을 얻었네

이 찬양을 부르며 초신자 시절을 회상하고 성령님께 이야기를 건넵니다.

'주님, 이 손을 꼭 잡고 가소서. 약하고 피곤한 이 몸을…'

우리 가족의 목자가 되어 주셔서, 지금까지 쉴 만한 곳으로, 푸른 초장으로 인도해 주신 하나님께 영광과 찬양을 돌립니다.

07

나의 아버지가
되신 주

안소영 집사

부평제일교회는 저에게 신앙의 통로가 되어준 곳입니다. 또한 제 삶의 안식처이며 교회 직원으로서 교회 현장을 경험하게 한 곳입니다. 제 신앙의 터전이면서 일터입니다. 창립 40주년을 맞아 제 이야기를 하는 것이 조심스럽고 감격스럽습니다.

저는 아버지가 세 분입니다. 한 분은 저를 이 세상에 있게 해주신 육의 아버지, 그리고 신앙을 통해 알게 된 영원하신 하늘 아버지, 마지막으로 육신의 아버지를 천국에 보내고 상실감에 빠져 있을 때 만난 신앙의 아버지인 이천휘 목사님입니다. 세 분의 아버지가 계신다는 것이 얼마나 큰 축복인지 모르겠습니다. 한때는 그것이 축복인지 모르고 상처를 안고 살았지만, 이제는 그것이 제게 주신 은혜임을 압니다. 그 은혜를 나누고자 합니다.

어려움 가운데 만난 교회

우리 가족은 제가 중학교 때 서울에서 살다가 작전동으로 이사를 왔습니다. 어린 나이였지만 좋은 상황이 아니라는 것을 알 수 있었습니다. 어린 시절 작전동은 개발과는 거리가 먼 낙후된 지역이었습니다. 동네 어귀에 들어서면 어려운 살림살이를 알 수 있었습니다. 그래도 정이 있는 곳이었습니다. 또 이곳에 살면서 주님을 만나 좋았습니다. 친구의 권유로 부평제일교회를 출석한 저는 신앙도 조금씩 깊어져 갔습니다. 10대를 중고등부에서 나름 열심히 활동하면서 보냈습니다.

상황이나 환경을 돌아보면 결코 밝을 수 없었지만, 신앙은 제가 비뚤어진 방향으로 가지 않게 이끌었습니다. 삶이 어려울 때 만난 부평제일교회는 제 인생에 좋은 길잡이가 되어 주었습니다.

하늘로 가신 아버지

아버지의 죽음은 제게 가장 큰 아픔이었습니다. 투병 생활을 하다 하늘나라로 가신 아버지로 인해 저는 고등학교 시절을 어렵게 보냈습니다. 저는 하나님께 앞으로 어떻게 해야 할지 늘 물었습니다.

어느 날 말씀을 듣고 기도하는데 '아버지 하나님'에 대해 묵상하게 되었습니다. 죽을 수밖에 없는 죄인인 우리를 양자 삼으시고 자녀로 세워주신 아버지 하나님이시기에 자녀들이 갈 길을 인도하신다는 생각이 들자 평안함이 밀려왔습니다. 그랬습니다. 제겐 영원하신 아버지가 계셨습니다. 그 깨달음이 있고 난 뒤 저는 하나님 아버지가 인도하는 대로 살기로 했습니다.

고등학교를 졸업하면서 저는 어려운 형편에 대학 진학을 포기했습니다. 동생들의 학업을 돕기 위해서였습니다. 학교 선생님들은 성적이 아깝다고 안타까워하셨습니다. 하지만 저는 지금 물러나는 것 같지만 결국엔 푸른 초장으로 인도해 주실 아버지를 믿기로 했습니다.

그 시기에 담임 목사님께서 만나자는 연락을 하셨습니다.

"소영아, 너 교회에서 간사로 일해보지 않을래?"

"네? 아니 제가 어떻게…?"

"교회 행정 일을 볼 직원이 필요한데 너는 교회 사정도 잘 알고 똑똑하잖니? 사회에 나가 직장 잡는 것보다 교회에서 일하는 게 좋을 거 같은데…."

담임 목사님의 뜻밖의 제안을 받으면서 저는 하나님의 뜻이 이곳이라는 생각이 들었습니다. 그때부터 부평제일교회 간사로 섬기게 되었습니다.

성도로서 교회를 다니다 간사가 되어 교회 내부 사정을 파악하고 여러 일을 진행하려니 무척 조심스러웠습니다. 교회 행정과 사역 등을 지원하니 긴장의 연속이었습니다. 목사님은 그런 저를 딸처럼 여겨주셨습니다. 일 처리가 서툴 땐 따끔하게 지적하시면서도, 아버지를 잃고 동생들과 어렵게 사는 저를 안타깝게 여기셨습니다. 누구보다 저를 위해 기도해 주시고 챙겨주셨습니다.

교회가 직장이 되어 가족의 생계에 보탬이 되고 동생들이 바르게 잘 자라게 된 것이 좋았습니다. 교회 안에서 꿈을 설계하면서 신앙 안에서 하나가 될 수 있었습니다. 방송통신대학교에서 유아교육을 공부하며 학업의 꿈도 이어갔습니다. 교회 일을 하면서 교회가 부흥하고 성장하는 과정을 지켜보고, 업무 체계를 잡는데 미력하나마 도움이 된 것도 감사한 일입니다.

"우리 안 간사 데려가려면 하나님 믿어야 해."

"알겠습니다. 저도 교회에 나오겠습니다."

"정말이야? 내 딸처럼 생각하는 안 집사 행복하게 해 줄 수 있지?"

"네."

"내가 지켜보고 있을 거야. 우리 안 집사, 사랑하고 아껴줘요."

부평제일교회에서 간사로 6년을 일했습니다. 사실 저는 결혼할 생각을 하지 않았는데 우연히 모임에서 지금의 남편을 만나 결혼까지 하게 되었습니다. 결혼을 결심한 뒤 제일 먼저 남편 될 사람을 목사님께 선보였습니다. 목사님은 마치 당신의 사위를 보는 것처럼 꼼꼼히 살펴보셨습니다. 신앙이 없던 그에게 하나님을 믿어야 허락하겠단 엄포도 놓으셨습니다. 제 상황을 잘 아는 남편은 신앙을 갖겠다고 약속했고 우린 결혼을 했습니다.

한 가정을 이루어 나가게 되니 마음이 참 이상했습니다. 교회 일을 그만두면서 딸처럼 여겨주신 아버지 같은 목사님과 이젠 성도와 목회자로만 만나야 한다는 것이 서운했습니다. 목사님은 그런 제 손을 잡아주시며 아버지처럼 따뜻하게 어깨를 두드려주셨습니다.

신앙이 없는 시댁과 종교적인 차이를 어떻게 극복할지가 저의 큰 기도 제목이었습니다. 다행히 남편이 신앙생활을 시작했고, 저는 제 나름대로 신앙인의 본이 되려고 노력했습니다.

'하나님, 믿지 않는 집안에 왔습니다. 이곳에 복음을 심기 원합니다. 제가 그리스도인으로 바로 서고 그 모습을 보여주고 싶습니다. 신앙 안에서 바르게 설 수 있게 도와주세요.'

이렇게 기도하면서 언젠가 시댁 식구들도 자연스럽게 하나님을 알고 복음을 받아들일 것이라 믿었습니다. 제가 먼저 바로 서자는 마음으로 남편과 시댁 어른들을 대했고, 자녀들에게도 본이 되는 신앙생활을 하려 노력했습니다. 제사가 많은 시댁 행사에서 며느리로서 할 수 있는 최선을 다했습니다. 그러자 저를 보는 표정이 차츰 바뀌고 제 종교도 인정해주셨습니다.

때마다 제사를 지내던 시댁이 기독교식으로 추도예배를 드리게 되었고 아이들은 누구보다 모범적으로 신앙생활을 하고 있습니다. 특히 대학생이 된 큰아이는 제게 큰 감동을 주었습니다. 큰아이는 주일학교에서부터 중고등부까지 성실하게 믿음 생활을 해왔습니다. 상담하러 고등학교에 갔을 때, 선생님은 먼저 베풀고 도우려는 성품을 가진 아이라며 큰아이를 칭찬하셨습니다. 또한 급식시간에 기도하고 밥 먹는 아이는 저희 큰아이가 유일하다고 전해주셨습니다. 가슴이 뭉클했습니다. 큰아이는 한창 공부할 때도 주일 성수를 하며, 성적을 걱정하는 저에게 오히려 '은혜의 자리에 있어야 해요'라며 직언을 해, 저를 부끄럽게 하기도 했습니다. 이런 아들을 허락하신 하나님께 감사합니다.

원수의 목전에서 상을 베푸신 주님

하나님은 목자가 되셔서 우리 가정의 사업도 이끌어주셨습니다. 결혼 후 우리 내외는 부천에서 임대 주유소를 시작했습니다. 어렵게 마련한 아파트를 처분하고 그 돈으로 2년간 주유소를 임대해 그곳에서 남편과 저는 먹고 자는 시간만 빼고 일했습니다. 한창 어린아이들을 떼어놓고, 힘든지 모르고 열심히 일했습니다. 남편은 신앙생활을 하면서 특히 속회 예배를 열심히 참석했습니다. 그 모습을 하나님이 좋게 보셨는지 사업도 축복해 주셨습니다.

그런데 축복이 있는 곳에 방해도 있는지, 2년의 임대 기간이 끝났을 때 생각지도 못한 일이 벌어졌습니다.

"이제 나가 주세요."

어느 날 주인이 갑작스럽게 통보를 했습니다. 2년간 누구보다 열심히 일해 사업 터전을 잡아놓았는데 나가라는 거였습니다. 사업이 잘되는 모습에 주인이 욕심이 났나봅니다. 대책도 세워놓지 못한 상태에서 쫓겨나듯 주유소를 나왔습니다. 얼마나 큰 상처였는지…. 남편과 저는 그 배신에 원망하는 마음이 들었습니다.

'주님, 이건 너무 하잖아요. 상식적으로나 도의적으로나 저 사람이 너무한 거 아닙니까. 세상이 이렇습니까?'

사람을 원망하는 마음과 손해 보기 싫어하는 세상인심을 알게 되니 이삭의 우물이 생각났습니다. 우물 파는 곳마다 물이 나왔던 이삭, 그것을 시기 질투했던 마을 사람들은 이삭을 쫓아냈습니다. 그때마다 그는 원망하지 않고 다른 곳으로 가서 묵묵히 우물을 팠습니다. 그 결과 거부가 되었습니다. 사람을 의존하지 않고 하나님이 인도하시는 방향으로 갔기 때문입니다. 우리 부부 역시 우물을 파는 이삭의 심정이 되어, 쫓겨나듯 사업을 정리한 뒤, 주님 앞에 가서 매달리며 기도했습니다.

그때 우리의 딱한 사정을 안 교회 장로님께서 손을 내미셨습니다.

"안 집사님, 김포 쪽에서 주유소를 해보는 건 어떨까?"

"김포요? 아, 장로님댁 사업처가 김포죠? 거기에 마땅한 장소가 있을까요?"

"그래도 우리가 그쪽은 좀 아니까 같이 알아봐요."

하나님께서 장로님을 통해 길을 열어 주셨습니다. 그 후 장로님의 도움으로 괜찮은 장소를 찾았고 그곳에서 다시 주유소를 시작했습니다. 동네도 낯설고 새롭게 시작하는 만큼 기반을 닦기까지 어려움이 있었습니다. 또 유가 변동으로 재정적으로 불안했지만 젊음을 믿고 감사하며 일했습니다. 그러다 보니 김포를 거쳐 지금 화곡동에서 주유소를 운영하는 축복을 주셨고 사업도 어느 정도 안정되었습니다.

우리 가정이 신앙 안에서 화목하게 살게 된 것은 하나님의 은혜입니다. 목자가 되셔서 우리를 푸른 초장으로 인도해주셨고, 사업이 어려울 때 원수의 목전에서 상을 베푸셔서 기름진 것으로 채워주셨습니다.

이런 은혜를 경험했기에 지금도 저는 손해 보듯 살려 합니다. 손해 보지 않으려 할수록 인심을 잃고 마음이 상하게 됩니다. 너무 약게 살면 욕심이 생기고 다툼의 원인이 됩니다. 하지만, 손해를 보아도 넉넉하고 여유 있는 마음으로 베풀면 그 부족한 부분을 반드시 하나님이 채워주십니다.

특히 가정은 더욱 그랬습니다. 저는 가장 민감하고 예민한 시기에 부모를 잃는 아픔을 겪었기에 그 상실감이 컸습니다. 하지만 하나님은 상처받은 저를 쉴 만한 물가로 인도하셨고, 좋은 교회와 좋은 가정을 허락해 주셔서 그 상실감을 몇 배로 채워주셨습니다.

앞으로 제가 할 일은 이런 은혜를 나누는 것입니다. 저부터 믿음 위에 바로 서자는 마음은 지금도 변함없습니다. 다행히 가족들 모두 하나님의 자녀가 되어 바른 신앙의 길로 가고 있습니다.

이제 이 지경을 가족을 넘어 이웃까지 넓혀 하나님의 은혜를 나누고 싶습니다. 하나님과 하나님께서 보내주신 사람들로부터 많은 사랑과 도움을 받았기에 이제부터는 베풀며 살고자 합니다. 나의 아버지 되시는 예수 그리스도께 영광 돌립니다.

08

의의 길로
인도하신 주님

송필근 집사

제가 생각하는 간증은 대단한 체험이나 기적을 경험한 이들이 하는 것이었습니다. 그래서 부평제일교회 창립 기념 간증집에 참여해 달라는 요청을 받고 많이 주저했습니다. 삶에 파고와 시련을 통해 하나님을 만나고 초자연적인 일을 경험한 사람들이나 간증한다고 생각했습니다. 저는 그런 경험이 없었습니다. 그런데 다르게 생각해보니 제가 그만큼 평탄하게 살았다는 것을 알게 되었습니다. 평탄함이 얼마나 큰 은혜인가요? 주님은 역경으로도 역사하시지만 잔잔한 파도로도 우리를 인도하시기 때문입니다.

강화에서 자란 신앙

저는 강화도에서 나고 자랐습니다. 한국 기독교 역사에서 강화도는 중요한 섬입니다. 한국에 복음이 전파되는 근거지기 때문입니다. 그 덕분에 어린 시절부터 동네마다 교회가 있었고 그 중 한 곳이 제 모교회입니다.

제 신앙은 할머니로부터 시작되었습니다. 강화에서 삶의 터전을 일구신 할머니는 일찌감치 예수님을 영접하셨습니다. 강화도는 복음이 제일 먼저 전해진 곳이고 섬이라 고립된 만큼 자연스럽게 기독교를 접했던 것 같습니다. 할머니는 비교적 수월하게 복음을 받아들이시고 신앙생활을 하셨습니다. 다만 자식인 아버지에게는 예수를 전하지 못했습니다.

"필근아, 할미 따라 좋은 데 가자."

"좋은데? 어딘데요?"

"응. 소풍!"

초등학교 3학년인 저는 소풍 가자는 말에 마냥 신나 했습니다. 할머니가 말씀하신 소풍은 교회 야유회였습니다. 그날 저는 할머니를 따라 교회 소풍에 갔다가 성도가 되었습니다. 사람들이 모여서 즐겁게 만나고 예배하는 장소에 있다 보니 저도 모르게 교회가 재미있는 곳이라는 생각이 들었습니다.

시골 교회였지만 역사가 오래되었기 때문에 나름대로 신앙의 깊이가 있었습니다. 할머니 손에 이끌려 간 교회가 저는 마냥 좋았습니다. 동네 친구도 학교 친구도 보였습니다. 교회를 통한 친구들과의 만남이 신선했고, 자연스럽게 신앙생활로 이어졌습니다.

할머니는 교회 마룻바닥에 무릎 꿇고 앉아 늘 자식과 손자녀를 위해 기도하셨습니다. 가족 구원을 위해 애쓰셨지만, 야속하게도 저희 부모님은 예수를 영접하지 않으셨습니다.

몇 번이나 권유하고 간곡해도 아버지는 듣지 않으셨습니다. 그나마 다행인 것은 당신이 싫어하신다고 해서 아들인 저까지 교회를 못 가게 막지는 않으셨습니다. 그래서 교회를 다니는 것이 어렵지는 않았지만 부모님 눈치가 보이기도 했습니다.

중학생이 된 뒤로 교회는 더욱 저의 아지트가 되었습니다. 예배 시간뿐 아니라 그 외 시간도 교회에 있는 날이 많았습니다. 교회에 눌러앉아 친구들과 뭔가를 했습니다. 집 밖에서 인정받는 공간이었던 셈입니다. 성가대, 주일학교 보조 교사 등으로 교회 일을 했습니다. 주일학교 교사를 하다 보니 어린 나이지만 교회 사정을 알게 되었습니다. 그러면서 교회에 대한 애정을 더 키웠습니다.

자연스럽게 중등부 회장이 되었고, 전형적인 교회 오빠가 되었습니다. 훈남형의 엄친아 이미지가 아닌 교회에 열심히 나오는, 교회에 오면 늘 있는 그런 오빠의 이미지였습니다. 하지만 그때까지 열심히 교회 문지방만 넘어 다녔지 하나님을 인격적으로 만나지는 못했습니다.

그렇게 중 3이 되고 여름방학이 되었습니다. 우리 교회는 규모가 작아 그 지역 작은 교회들과 연합해 수련회 행사를 했습니다. 그러다 보니 다른 교회 친구들을 부흥회에서 단났습니다. 어색할 줄 알았지만, 관계가 친밀해지면서 그리스도 안에서 하나가 되었습니다.

그때도 다섯 교회가 연합해 지역 수련회가 열렸습니다. 인근 지역 교회에 다니는 또래들과 어느덧 친구가 되어 있었습니다.

"여러분, 수련회에 놀러 온 사람 손들어볼까? 없지. 하나님 만나러 온 수련회인 만큼 더 많이 기도하자."

선생님은 기도를 강조하셨고 우리는 예배를 마치거나 성경 공부가 끝나는 대로 기도에 집중했습니다. 5개 교회에서 연합해 조직했고 한창 예민하고 낯도 가릴 시기였지만 기도는 우리를 하나 되게 하는 힘이 있었습니다. 뜨겁게 부르짖는 기도 가운데 성령을 받아 뒤집어지는 친구들도 있고, 눈물 한 방울 흘리지 않을 것 같은 친구가 기도하면서 눈물 콧물 흘리는 것을 보면서 자극이 되고 은혜가 되기도 했습니다. 저 역시 뜨겁게 기도했습니다. 아직 하나님께로 돌아오지 못한 부모님을 위해, 또 하나님의 기쁜 뜻을 행하는 자녀가 되고자 기도하며 울었습니다. 그 눈물을 흘리며 예수님의 따뜻한 위로를 받았고 그제야 제가 하나님의 자녀임을 깨달았습니다.

수년째 교회를 다니고 하나님을 믿는다고 하면서, 예수님을 잘 모르고, 그분의 사랑이 얼마나 깊고 큰지 몰랐던 것이 회개가 되었습니다. 기도를 통해 저는 제가 죄인이라는 사실을 알았습니다. 그렇게 눈물로 회개하면서 신앙이 한 단계 성장했음을 느꼈습니다.

"필근아, 이번에 지역 산상 성회가 있다. 중고등부 애들 모아봐라."

전도사님은 한창 사춘기인 학생들을 신앙으로 교육하려 애쓰셨습니다. 그 덕분에 회장인 저는 교회 친구들을 데리고 산상 성회, 부흥회 등 예배를 찾아다녔고 믿음이 더욱 견고히 설 수 있었습니다. 그 시절 전도사님께 얼마나 감사한지 모르겠습니다. 교회에서 많은 시간을 보내지만, 말씀이나 기도는 소홀한 경우가 많은데 전도사님은 정말 소중한 것이 무엇인지 알려주셨습니다.

잔잔한 신앙 속에 끓는점

고등학생이 된 저는 교회 일을 더 적극적으로 했습니다. 학교보다 교회에서 보내는 시간이 더 많을 정도였습니다. 관심사의 대부분이 신앙과 연관된 것들이었습니다. 그런 까닭에 신학을 공부하라는 이야기를 많이 들었습니다. 하지만 하나님의 종으로의 부르심을 직접 경험하지 않아 신학은 생각하지 않았습니다. 오히려 선교에 마음이 갔습니다.

그래선지 복음을 효과적으로 전할 방법을 생각하며 교회 일에 임했습니다. 그리고 찬양으로 선교하는 일에 집중했습니다. 제가 다니는 고등학교와 근처 여자고등학교 학생들을 모아 찬양단을 구성해 복음을 전하기도 했습니다. 그때 함께 활동하던 친구들 중 한 사람은 목사가, 또 한 사람은 사모가 되었으니 은혜입니다.

중학교 3학년 수련회 때 신앙의 뜨거움을 맛본 이후 제 신앙은 큰 기복 없이 순탄하게 흘러왔습니다. 교만으로 말하는 것이 아닙니다. 감사하게도 하나님은 단 한 번도 하나님의 존재를 의심하거나 신앙의 슬럼프에 빠지게 하시지 않았습니다.

다만 대학생이 되었을 때 고향을 떠나면서 교회에 대해 고민했습니다.

'주님, 이제 이곳을 떠나 어디에서 신앙생활을 해야 할까요? 교회에서 했던 일들은 어떻게 내려놓아야 하나요.'

이 고민은 저만의 것이 아니었습니다. 대학 진학이나 직장 생활을 이유로 강화도를 떠나야 하는 청년들의 고민이었습니다. 시골 도서 지역 교회에 젊은이들이 별로 없어 교회 사역에 어려움을 알고 있기에 마음이 불편했습니다.

이런 고민을 주님이 기쁘게 받으셨을까요? 교회 장로님 한 분이 저를 비롯한 청년들을 위해 결단을 내리셨습니다.

"우리 교회로 와서 사역을 도와주게나. 하나님이 주신 물질을 장학금으로 내놓을 테니 조금 불편하고 힘들어도 교회에 와주게."

장로님은 청년들에게 교통비와 용돈까지 주시며 주일마다 모교회에 내려와 사역을 돕도록 하셨습니다. 젊은이들이 교회에서 활기차게 일을 돕고 후배들을 이끌어야 교회가 산다는 것을 믿기에 내리신 결단이었습니다. 그분의 마음에 감사하고 감동해 결단했습니다. 인천에서 학업과 동아리 활동 등으로 정신없이 한 주를 보내고 주일이 되면 무조건 강화도 모교회로 가서 주일 사역을 도왔습니다. 청년들이 교회를 찾는 모습만으로도 교회는 활기를 찾았습니다.

매주 각기 다른 곳에서 생활하다가 교회에서 동기들을 만나면 즐거웠습니다. 인생의 선배로서 후배들에게 조금이나마 도움을 줄 수 있어 감사했습니다. 친구들과 헤어지지 않고 교회 일을 함께할 수 있어서 행복했습니다.

그로 인해 교회는 청년들이 자리를 채웠고, 후임 목사님께서도 교회 모토를 청년들이 살아나는 교회로 삼아 목회를 계속 하고 계십니다. 시골교회가 나아가야 할 전략이라는 생각이 듭니다.

모교회에 헌신하면서 마음의 소원이 생겼습니다. 청소년을 향한 비전이었습니다. 매주 강화를 내려가 교회 후배들과 만나면서 그들이 선배들과의 만남을 기다리고 좋아한다는 것을 알았습니다. 질풍노도의 시기의 후배들은 교회 선배들이 매주 내려와서 함께 이야기하고 신앙생활을 하는 것에서 위안을 받았습니다. 그 사실을 알자 제 가슴은 더욱더 뜨거웠습니다. 주님은 저에게 청년 사역에 헌신하기를 바라는 게 아닐까 하는 생각이 들었습니다.

그러면서 강화 청년 모임을 시작했습니다. 하나님께서 제게 허락하신 은사 중 하나가 사람을 모으는 일이 아닌가 싶습니다. 강화청년 모임은 여러 강화도에 있는 교회 청년들의 선교 모임으로 교회와 지역을 섬기는 일을 하기로 했습니다. 지경을 넓혀 청년들의 모임을 조직하고 할 일이 많아졌습니다. 함께 모여 뜨겁게 예배하고 각 교회 행사를 돕고, 지역을 돕는 봉사활동도 이어졌습니다. 독거노인들을 위해 반찬도 하고 땔감으로 쓸 장작도 패드렸습니다. 그리스도인의 사랑을 나누다 보니 결국 그 혜택이 우리에게 돌아온다는 것도 깨달았습니다. 봉사활동을 하면서 큰 은혜를 받았기 때문입니다.

삶이 간증이 되다

제게 영향을 끼친 분들이 많습니다. 가장 생각나는 분은 중고등부 시절, 신앙 안에 저를 푹 잠기게 하신 전도사님입니다. 또 한 분은 전도사님의 남동생입니다. 8살 위인 형님이었습니다. 당시 대학생이던 형님은 강화로 내려와서 아이들을 모아놓고 캠프도 하고 봉사활동도 하셨습니다. 어린 눈으로 보아도 신앙으로 꽉 찬 사람이었습니다. 그 형님을 보면서 저의 대학 생활도 그랬던 것 같습니다.

나중에 그 형님이 CCC 활동을 하셨다는 것을 알았습니다. 저역시 대학 생활을 하면서 기독동아리 활동을 했습니다. 대학생 선교회인 CCC는 각 대학에 있었고, 가장 뜨겁게 기도하고 선교하는 선교 단체였습니다. 저는 CCC 활동에 자연스럽게 녹아들었습니다.

이 활동을 통해 저는 선교 마인드를 더욱 강화하고 믿음을 굳건히 했습니다. 지금도 몽산포 해수욕장에서 열린 전국 CCC 연합 수련회가 기억납니다. 그 당시 총재인 김준곤 목사님께서 칼날 같이 꽂히는 말씀을 하신 것이 아직도 생생합니다.

"우리가 삶을 살면서 어떤 것이 중심이 되어야 합니까?"

"예수 그리스도!"

"우리는 누구 때문에 삽니까?"

"예수 그리스도!"

제 가슴은 뛰었습니다. 지금껏 교회 일을 많이 했지만 과연 예수 그리스도가 중심이 되어 예수 그리스도의 생각으로 일했는지 돌아보았습니다. 부족한 제 자신을 돌아보며 자복하며 회개했습니다. 예수님의 생각이 나의 생각이 되었던 것이 아니라, 내 생각이 예수님의 생각인 양 착각하며 살았던 모습에 철저히 깨졌습니다.

CCC 활동을 통해 저는 더 낮은 자세로, 예수님의 모습을 좇아가는 삶을 살기로 다짐했습니다. 거지 순례 전도 여행도 기억납니다. 한마디로 아무것도 소유하지 않는 거지가 되어 순례하며 예수의 향기를 전하는 여행이었습니다. 거지 순례를 하며 많은 분을 만나 신앙을 전했습니다. 또한 순수한 신앙을 가진 분들을 만나 자극을 받기도 했습니다. 때론 핍박을 받기도 하고 멸시를 받기도 했습니다. 그럴수록 고난 당한 예수 그리스도의 모습이 생각나 아픈 마음으로 기도했습니다.

또한 청년들과 팀을 이루어 거제도로 선교 여행을 가기도 했습니다. 3박 4일 일정으로 다섯 명이 한 팀을 이뤄 시골교회를 섬겼습니다. 학생들을 모아 수련회도 하고 캠프도 여는 등 모교회에서 하는 활동을 넘어 지경을 넓혀갔습니다. 예수를 믿지 않는 학생들을 모아 그들에게 작은 복음의 씨앗이 심었습니다. 믿지 않던 이들이 하나님을 믿겠다는 고백을 들으면 무척 행복했습니다.

대학 생활 내내 CCC 활동을 하면서 중간 리더 역할을 하며 전국을 돌았습니다. 복음이 필요한 이들에게 전도하면서 기독교인으로서 반드시 해야 할 일이 전도라는 사실을 알게 되었습니다. 그런 까닭에 CCC의 4영리로 최선을 다해 예수님을 전했습니다.

군대에 가면서 어려움이 있기도 했습니다. 제가 근무했던 곳은 헌병대는 군기가 세기로 유명했습니다. 절대복종을 강조하는 분위기 속에서 주일 성수가 쉽지 않았습니다. 군대에서의 술 문화 역시 저를 괴롭혔습니다. 주일 성수를 못 하게 막는 상병도 있었고, 크리스천임을 알고 일부러 술을 강요하는 이들도 있었습니다. 명령에 불복종하면 온갖 핍박과 구타를 했습니다. 그러나 신앙에 있어 절대 타협은 없기에 기도하며 나아갔습니다.

'주님, 주님은 이보다 더한 고통도 참으셨습니다. 지금 이런 상황은 아무것도 아닙니다.'

그런데 언제까지 계속될 줄 알았던 어려운 상황은 이내 잠잠해졌습니다. 주님이 그들 마음을 움직여주신 것 같습니다. 예수쟁이라 비아냥거리던 이들의 입을 막으셨고 더 강권하는 일도 안 하게 하셨습니다. 이 일을 통해 군 생활에 주님이 함께하신다는 것을 느낄 수 있었습니다.

이런 경험은 직장생활을 하면서도 계속되었습니다. 전기과를 졸업한 뒤 직업을 선택할 때 제일 고려한 부분이 주일 성수였습니다. 주일에도 일해야 하는 직업이 많았습니다. 저는 주일을 지킬 수 있는 직장을 달라고 기도했습니다. 주님은 지금의 직장을 허락해 주셨습니다. 위치도 부평제일교회와 가까웠습니다.

직장생활을 하다 보니 술 문화가 어려웠습니다. 우리 사회는 여전히 술을 권합니다. 하지만 군대에서의 경험이 있었기에 담대히 나아갔습니다. 크리스천임을 밝히고 술을 거절했지만, 그 일로 불이익을 당하지는 않았습니다.

저는 한 걸음 나아가 제 일터를 선교지가 되게 해달라고 기도했습니다. 그간 청소년을 위한 선교 사역에 동참하면서 선교에 대해 열정을 품게 되었습니다. 선교가 특별한 장소를 찾아가는 것이 아닌, 지금 우리가 있는 곳, 일하는 곳에서 복음을 전하고, 그리스도인답게 사는 것이라고 깨달았기 때문입니다. 가정주부에겐 집이 선교지고 직장인에겐 직장이 선교지라는 생각이 들었습니다. 이것이 예수님의 뜻이라는 확신이 서자 믿는 사람의 본이 되기 위해 더 열심히 일하고 예수님처럼 손해 보는 사랑을 하게 되었습니다. 손해 보더라도 기뻐하는 모습으로 복음을 듣지 못한 사람들에게 예수를 증거하며 지금도 일터를 선교지 삼아 일하고 있습니다.

신앙의 바른길로

직장생활을 하면서 신앙생활에도 변화가 있었습니다. 기독청년 활동을 마무리하면서 모교회에서 봉사하던 일도 마무리했고, 가정을 이루면서 직장 가까운 곳에 있는 부평제일교회로 옮겨와 신앙생활을 시작했습니다. 이제는 가정을 이루어 교회 일원이 된 것입니다.

아내를 만나 믿음의 가정을 이루게 된 과정을 돌아보면 하나님의 계획과 뜻이었습니다. 아내는 직장생활을 하다 만났습니다. 전기 설치를 위해 신축 고등학교로 출장을 갔습니다. 신축 건물이다 보니 전기 설치 등 점검할 부분이 있었습니다. 고등학교 행정실 직원인 아내를 그때 알게 되었습니다. 이런저런 이야기를 나누다가 강화도가 고향이란 말에 급격히 가까워졌습니다. 신앙생활을 하지 않은 아내를 전도해야겠단 마음이 들었습니다. 그렇게 복음을 전하면서 아내는 저를 따라 교회에 나왔고 하나님께서 보낸 짝이라는 확신에 결혼했습니다.

결혼 초기에는 약간의 갈등도 있었습니다. 새로 옮겨온 부평제일교회 활동과 그간 몸담아 온 교회 청년 모임이 많다 보니 가정에 소홀하다는 것이었습니다. 하지만 그 부분은 타협할 부분이 아니라 설득해야 할 부분이었습니다. 그래서 아내에게 믿음의 본을 보이려 했고 노력하는 모습에 아내도 서서히 이해해 주었습니다.

아내는 주일에 예배드리는 것이 신앙생활의 전부라고 생각한 사람이었습니다. 그런데 다른 예배에도 적극적으로 참여하게 되었습니다. 교회에서 봉사하고 싶다는 말을 먼저 꺼내더니 이제는 누구보다 활달하고 적극적으로 교회학교 교사로 봉사하고 있습니다. 늘 밝고 좋은 모습으로 교회 활동을 하는 아내 모습이 저는 우리 가정에 주신 간증 거리라고 여깁니다.

하나 안타깝게도 아버지께서 아직도 마음을 열지 않으셨습니다. 할머니도 당신의 아들이 구원받지 못한 것을 가슴 아파 하셨는데 말입니다. 부모님의 고집이 얼마나 센지 복음을 받아들이지 않으시려 합니다. 그러나 최근 어머니께서 허리 수술을 세 번 하시고는 마음이 조금 풀린 듯합니다. 저는 계속 부모님의 구원을 놓고 기도할 것입니다. 저희 가정을 믿음의 가정으로 바꿔놓으신 주님께서 부모님도 끝내 구원해 주실 것을 믿습니다.

저는 지금도 하나님께서 주신 선교 비전을 품고 살고 있습니다. 우선은 일하는 일터, 출석하는 교회를 통해 선교 사역의 조력자가 되기를 원합니다. 더 나아가 중·고등학교 시절부터 연결되었던 청소년 사역, 청소년들에게 하나님의 비전을 심어주는 일을 돕고 싶습니다. 신앙은 개방이라는 이름으로 결코 세상과 타협하는 것이 아닌 아주 보수적이어야 한다고 생각합니다. 그래서 지금의 청소년들과 만나는 자리에서 복음으로 살 것을 전하고 있습니다. 저 역시 그런 삶을 살아가는 신앙의 선배가 되기를 기도합니다.

09

내가 부족함이 없으리로다

박정화 권사

가슴 속 믿음을 꺼내신 주님

어린 시절 저는 부모님 따라 교회를 다니다가 성장하면서 교회를 나가지 않게 되었습니다. 특별한 이유는 없었습니다. 세상에 휩쓸려 살면서도 마음속으로는 예수님을 믿는다고 여겼습니다. 물론 하나님은 그런 믿음을 원하지 않으실 겁니다. 어쨌든 저는 교회는 다니지 않지만, 예수님은 계시다고 생각하며 성장했습니다.

1988년 결혼하고 작전동에 정착했습니다. 저희 형님 내외의 배려로 그분들 가게에 살며 자리 잡았습니다. 얼마 지나고 형님 내외가 부평제일교회 담임 목사님 내외분과 친구라는 것을 알았습니다. 서로 왕래도 하고 신앙생활도 하시기어 형님께서 저에게 교회에 가자고 하실 줄 알았는데 권유하지 않으셨습니다.

시간이 흐르다 보니 저도 아이가 생기고 가정에 대한 책임 등 여러 문제가 생겼습니다. 오랫동안 발길을 끊은 교회에 다시 나가야겠다는 마음에 용기를 냈습니다.

"형님, 저도 교회 데려가 주세요."

그렇게 부평제일교회에 첫발을 디뎠습니다. 목사님 내외분과는 안면이 있고, 아이들은 교회 부설 백합어린기집에 다니고 있어서 교회가 어색하지 않았습니다. 오랜만에 간 교회였지만 푸근하고 편안했습니다. '이곳에서 계속 신앙생활을 해야겠구나'라는 생각이 들었습니다.

당시 제 마음속에 한 가지 소망이 있었습니다. 일 욕심이 있던 저는 부업을 찾고 있었습니다. 경제적인 이유가 아니었습니다. 결혼 전 직장생활을 하면서 얻은 성취감을 다시 느껴보고 싶었습니다. 대학교 직원으로 근무하다가 결혼하면서 일을 그만두니 아쉬움이 있었습니다.

'주님, 저 일 하고 싶어요. 어떤 일이든 하게 하시면 십일조 꼭 할게요.'

얼마 뒤 저는 부업을 시작했고 그 일이 꽤 잘되었습니다. 약속대로 십일조도 했습니다. 온전한 십일조는 아니었지만, 하나님 것을 돌려드리는 기쁨을 느낄 수 있었습니다.

남편의 직장생활과 저의 부업으로 살림살이는 점점 나아졌습니다. 인천 연수동 아파트에 입주하는 은혜도 있었습니다. 연수동과 작전동은 거리가 멀었고 1990년대 작전동은 개발 전이라 교통이 불편했습니다. 버스를 타고 교회를 오려면 1시간 반은 족히 걸렸습니다. 교회를 떠나자니 서운했고, 그냥 다니자니 아이 둘을 데리고 교회 갈 생각을 하니 엄두가 나지 않았습니다. 몇 번 시도해 보긴 했습니다. 지하철이 생기기 전이라 드문드문 다니는 버스를 타고 1시간 반 동안 오다 보면 어린 두 아이는 멀미로 고생했습니다. 겨우 교회에 도착하면 녹초가 되었습니다. 안 되겠다 싶어 집과 집 근처 교회를 찾았습니다. 아파트 상가에 있는 교회의 문을 두드렸습니다. 평범한 교회였습니다. 두 딸은 교회가 가깝다며 좋아했지만, 웬일인지 저는 마음이 무거웠습니다.

그렇게 몇 주쯤 지나 주일이 되었습니다. 아이들은 상가에 있는 교회 주일학교에 보냈는데 저는 입술이 부르트고 몸살이 나서 몸을 움직일 수가 없는 겁니다. 다음 주가 되니 또 몸이 안 좋아졌습니다. 친하게 지낸 부평제일교회 교인에게 이 이야기를 했더니 원래 다니던 교회로 나오라는 의미인 것 같다며 강권을 하더군요.

"박 집사님, 좀 멀면 어때. 은혜가 느껴지는 곳으로 와요. 또 다니다 보면 교통 여건이 나아지지 않겠어요?"

"그러게요. 그럴게요."

그 뒤 제 교회는 부평제일교회 뿐이었습니다. 긴 시간 버스를 타고 교회에 가면 파김치가 되었습니다. 하지만 교회에 도착하면 새 힘이 솟았습니다. 반가운 성도들과 교제하며 하나님의 사랑을 느낄 수 있어서 행복했습니다. 그때 저와 친했던 분은 지금껏 저와 단짝입니다. 저보다 더 제가 잘 되길 기도해주는 분입니다. 이런 믿음의 친구를 만나게 하시려고 이 교회로 인도하셨나 싶습니다.

벼랑 끝에서 주신 기회

연수동으로 이사하고 얼마 동안 잘 지냈습니다. 새로 지은 아파트, 새로 마련한 가구와 살림살이…. 신혼 기분을 내며 행복한 가정생활을 이어갔습니다. 어느 날 갑자기 청천벽력 같은 소식을 들었습니다.

"거기 00동 00호죠? 며칠 내로 집 압류에 들어갑니다."

송도전화국에서 걸려온 전화 한 통은 큰 파장을 일으켰습니다. 집 압류라니! 처음 들어본 말 앞에서 저는 아무것도 할 수 없었습니다. 알아보니 남편이 지인의 보증을 서주었고, 연락이 두절된 지인의 빚을 대신해서 떠안게 된 것입니다. 당장 집 압류에 들어가겠다는 엄포에 어찌할 바를 몰랐습니다. 앞길이 막막했습니다.

통장에 돈은 얼마 되지 않았습니다. 5천만 원 보증을 서주었으니 수입은 모두 채무 상환으로 들어갔습니다. 이 상황이 너무 기막혀 기도도 나오지 않았습니다. 돈 때문에 아파트 11층에서 뛰어내렸다는 이야기가 남의 이야기 같지 않았습니다. 부정적인 생각만 들어 혼자 있는 시간이 괴로웠습니다.

기댈 분은 하나님뿐이었습니다. 속회 예배를 가면 울다가 돌아왔습니다. 밝고 활발한 제가 매일 울고 있으니 속도원들도 함께 울며 기도해 주었습니다. 어떻게든 도우려 했습니다. 실제적인 도움을 받기도 했습니다. 교회는 가장 어려운 시기에 제게 힘이 되어 주었습니다. 본격적으로 일해야겠다고 마음먹었습니다. 경제적인 난관을 풀려면 맞벌이를 해야 했습니다. 마침 공단 안에 있는 구내식당을 알게 되었습니다. 한 번도 해보지 않은 일이라 선뜻 용기가 나지 않아 망설이는데 갑자기 담대함이 생기며 이런 생각이 드는 겁니다.

'밥 해주는 게 뭐 어렵나? 내 식구 밥 해주는 것처럼 하면 되지.'

생활정보지를 통해 식당을 알아보던 중 싸게 나온 구내식당을 찾아 운영하게 되었습니다. 사업체 경영은 처음이라 두려웠습니다. 하지만 기도하며 담대하게 나아갔습니다. 음식 솜씨가 뛰어나지는 않았지만 보통 이상은 되었습니다. 잘할 수 있는 반찬부터 식단에 넣고 밥을 지었습니다. 내 식구를 먹인다는 마음으로 건강을 위해 영양을 생각하고 재료를 아끼지 않았습니다. 그러다 보니 구내식당을 이용하는 사람들에게 인정을 받았습니다.

"사장님, 여기 식당 오면 집밥 먹는 기분이에요."

이런 이야기를 들으면 기분이 좋아져서 더 열심히 메뉴를 개발했습니다. 장사가 잘 되다 보니 첫 번째 구내식당을 정리하고 나올 때는 두 배 가까운 권리금을 받을 수 있었습니다. 그렇게 5년이 지나고 식당 사업이 어느 정도 궤도에 올라서게 되었습니다. 두부 한 모 살 돈조차 없던 시절이 있었는데…. 빠듯했던 살림은 어느덧 회복되었습니다. 아무리 어려워도 십일조는 꼭 하겠다는 약속을 지킨 덕분인지 하나님은 물질의 복을 주셨습니다.

그러면서 욕심이 생겼습니다. 부평제일교회에서 십일조를 가장 많이 하는 성도가 되고 싶었습니다. 그런데 갑자기 양심이 찔리면서 제 모습이 보였습니다. 과연 나는 온전한 십일조를 드렸나?

'하나님, 잘못했습니다. 이제부터는 무조건 온전하게 십일조를 드리겠습니다.'

그리고 바로 실천했습니다. 수입이 잡히면 그 자리에서 십일조를 떼었습니다. 그렇게 시작한 십일조가 지금껏 이어지고 있습니다. 교회에서 가장 많이 십일조를 드리지는 못하지만, 그런 마음을 가질 수 있음에 감사합니다.

식당 사업이 잘되면서 재정은 더욱 풍성해졌습니다. 하나님은 여러 군데에서 동시에 사업체를 운영하게 하셨습니다. 다행히 큰 문제나 사건이 없었습니다. 이 과정을 지켜보시던 친정어머니께서 이런 말씀을 하셨습니다.

"애야, 교만하면 안 된다. 무조건 겸손해라."

어머니의 충고는 느슨해진 제 마음을 다잡게 했습니다. 재정이 넉넉해질수록 사람들 앞에 겸손하려고 노력했습니다.

그런데 제 안에 교만함이 있었다는 걸 알았습니다. 구내식당 사업은 수동적인 사업이었습니다. 일터가 있고 일하는 사람이 있어야 했습니다. 경기가 좋지 않아 공단에 기계 소리가 줄면 식당 손님도 줄었습니다. 그래서 이렇게 수동적으로 임하지 말고 적극적으로 나서 보자는 생각을 했습니다. 그런 사업이 없을까 고민했고 투자 사업에 관심을 두게 되었습니다. 투자 현장은 변화도 많고 정보도 많이 오가는 매우 변화무쌍한 곳이었습니다. 활기가 넘쳤습니다. 어느 순간 저도 모르게 탐심이 들어왔습니다.

때마침 좋은 조건의 투자 사업이 눈에 들어왔습니다. 어느 정도 확신이 든 저는 주변 지인들을 설득했고 지인들은 저를 믿고 사업에 투자했습니다. 그러니 그 사업은 잘 되어야 했습니다.

그런데 잘 진행되던 이 건에 제동이 걸렸습니다. 투자 계획에 맞게 진행되다가도 갑자기 정부 측에서 결정을 뒤집고, 또 잠잠

할 만하면 구청에서 결정을 뒤집었습니다. 이런 상황이 계속되다 보니 개발이 자꾸만 미뤄졌습니다.

사람들은 불안해하기 시작했습니다. 갖은 이야기가 들려왔습니다. 이러다 잘못되는 거 아니냐? 투자금을 호수하겠다, 책임은 누가 질 거냐? 등등. 물질 앞에서는 누구랄 것 없이 손해 보지 않으려 하고 인색했습니다.

걱정과 근심이 나날이 더해갔습니다. 언제 개발될지 모르는 답답한 상황 속에서 어느 날 한 가지 큰 깨달음이 왔습니다. 하나님으로부터 받은 물질의 축복을 선하게 사용하지 않고, 좀 더 늘려보려 탐심을 부린 것이 교만이라는 것을 알게 된 것입니다. 또 교회에 충성하지 못했다는 것도 알았습니다. 사업으로 바쁘다는 핑계로 교회 일에 제대로 참여하지 못했습니다. 사모님께서 멀리서 오는 성도들을 따로 속회로 묶어 돌보셨는데 그 속회도 겨우 참석했습니다. 교회 '뉴라이프' 행사에 참여해달라는 부탁을 받고도 역할을 감당하지 못했습니다. 이 핑계 저 핑계 대며 교회 일에 소홀한 저 자신을 돌아보며 회개가 터져 나왔습니다.

"하나님, 잘못했습니다. 직분을 감당하지도 못하고 이름만 내건 크리스천이었습니다. 바쁘다는 핑계 대지 않겠습니다."

마음의 돌이킴과 함께 제게 다가온 문제를 해결하는 것보다 제가 그 순간 감당해야 할 몫을 해야겠다고 생각했습니다. 그리고 '뉴라이프'에 참여했습니다. 해마다 진행되는 이 행사는 교육을 받는 게스트와 헬퍼가 함께 영성훈련을 받는 것입니다. 저는 회개하는 마음으로 권사로서 게스트로 열심히 참석했습니다. 게스트와 헬퍼 리더와 만나는 자리에서 함께 기도하고 교제하며 그들이 바로 설 수 있도록 섬기는 일은 참으로 행복했습니다.

뉴라이프는 7주간 진행되었습니다. 게스트와 팀원은 교제하고 기도 제목을 나누고 서로를 위해 기도해 줍니다. 풀리지 않는 무거운 문제를 안고 참여한 저는 기도 제목을 내놓고 싶었습니다. 하지만 시시콜콜 털어놓는 것이 본이 되지 않을 것 같았고, 회개하는 마음도 컸기에 기도 제목을 내놓지 않았습니다.

"지금 제가 풀리지 않는 일이 있습니다. 그 매듭을 잘 풀 수 있도록 기도 부탁드립니다."

이 정도만 이야기했습니다. 팀원들은 그 매듭이 무엇인지 잘 몰랐지만 기도해 주었습니다. 팀원들의 사랑에 저도 모르게 뜨거운 눈물이 흐르면서 감사가 넘쳤습니다. 일이 해결된 것도 아닌데, 하나님의 사랑으로 모인 이들이 서로를 위해 중보 기도 하는 모습이 어찌 그리 아름답고 귀한지⋯⋯.

뉴라이프 기간 너무 많은 은혜를 누렸습니다. 그리고 주님은 응답도 주셨습니다. 수년간 저를 괴롭히던 투자 문제가 풀리기 시작한 것입니다. 개발이 확정되고 상가 소유권이 확보된 것입니다. 이해관계가 복잡하게 얽혀 있었음에도 하나님께서 사람의 마음을 돌려놓으셨습니다. 누구 하나 다치거나 손해 보지 않도록 하셨습니다. 이 응답 앞에서 저는 다시 한번 하나님의 선하신 뜻을 분별해야겠다고 다짐했습니다. 특히 재정을 허락하실 때는 더 큰 책임이 있음을 알게 하셨습니다. 이를 깨닫게 하시려고 하나님을 저를 기다리게 했고 마음고생 하게 하셨습니다. 그리고 기도로 회복하게 하셨습니다. 저를 연단하신 하나님께 감사합니다.

삶을 경영하시는 하나님

뉴라이프를 통해 신앙의 끈을 다시 조이게 된 저는 하나님 앞에 약속한 것이 있습니다. 지금까지도 예스맨이 되려고 노력했지만 앞으로는 더더욱 예스맨이 되겠다는 것입니다. 그러다 보니 목사님이나 성도님들이 뭔가를 부탁하면 가능한 예스를 했습니다.

한번은 담임 목사님께서 인도 선교를 앞두고 "권사님도 함께 가시죠?" 하셨습니다. 저는 예스맨답게 예스했습니다. 그런데 대답을 해놓고 보니 주머니 사정이 어렵다는 것을 알게 되었습니다. 투자로 자금이 묶여 수중에 돈이 없었습니다.

'주님, 어떡하죠? 제가 우리 교회 단기선교는 처음인데…. 어떻게 해야 할지 모르겠네요.'

막막한 마음이 들 때마다 저는 두 손을 들고 기도하는 습관이 있었습니다. 그날도 예수님 앞에 두 손을 들고 나아갔습니다. 기도하는 내내 재정을 생각했지만 뾰족한 수가 생기지 않아 마음이 힘들었습니다. 그런데 생각지도 않은 곳에서 응답이 왔습니다.

그날 집에 돌아가 남편과 인도 선교에 대한 이야기를 나누는데, 남편이 통장 하나를 대뜸 내밀더니 제게 주는 것입니다.

놀란 눈으로 통장을 보니 3백만 원이 있었습니다. 할렐루야! 남편 구원이 늘 첫 번째 기도였는데, 남편이 선교비로 통장을 통째로 주다니! 주님이 주신 깜짝 선물이란 생각에 얼마나 감사했는지 모릅니다.

하나님은 더 큰 선물도 준비해 주셨습니다. 선교를 준비할 즈음, 사업체 건물 사장님께서 저를 보자고 하셨습니다. 제가 인천 남동공단 구내식당을 시작할 때부터 인연을 맺어 거의 30년 가까이 알고 지낸 분입니다. 그 사장님께서 한 가지 제안을 하셨습니다.

"박 사장, 식당 하나 더 할 생각 없어요?"

"식당이요?"

"제가 당진 부옥산업단지에도 공장이 있는데, 거기서 박 사장이 식당을 해보면 어떨까 해서. 여기 인천 식당이야 자리도 잡았고 또 손님들에게 인정도 받았으니까 하나 더 해봐요."

믿을 만한 분에게 조건이 좋은 사업체를 소개받게 된 것입니다. 사람이 계획할지라도 그 일을 경영하시는 이는 하나님이라는 말씀이 떠올랐습니다. 하나님이 이 사업을 경영하신다는 확신이 들었습니다.

저는 이 일이 인도 선교로 섬기려는 제 마음을 보신 하나님의 사인이란 생각했습니다. 당진 공장과 계약을 하고 이틀 후 인도 선교 길에 올랐습니다. 우리 교회가 선교 비전기 크다는 것을 알고 있었기에 늘 마음에 빚이 있었습니다. 단기 선교지만 인도 교회를 섬길 수 있었던 것은 은혜요, 선물이었습니다.

속회에서 사모님과의 깊은 교제를 통해 다시 기도로 무장해야 한다는 마음에 불을 일으켜 주셨습니다. 먼길도 마다하지 않고 속도원들을 찾아다니며 돌보고, 양육하는 사모님을 보며 저는 권사로서 해야 할 일들을 알게 되었습니다.

저는 다시 일상으로 돌아와 인천과 당진에서 구내식당을 하며 살고 있습니다. 사업장이 두 곳이라 두 배로 바빠졌지만 감사하며 일하고 있습니다. 재정도, 경영도 모두 하나님이 하시기에 그분께 맡기고 그저 심부름꾼으로서 일하기 때문입니다.

언젠가 사모님께서 저희 사업장으로 와서 속회 예배를 인도하셨습니다.

"권사님이 하시는 일은 생명을 먹여 살리는 일이에요."

생각해보니 하나님께서 제게 참 귀한 일을 맡기신 것입니다. 그 뜻을 알자 더욱 감사가 되었습니다. 30년 넘게 식당을 하면서 큰 사건 사고가 없었고, 큰 파고 없이 꾸준히 유지해올 수 있었습니다. 성령님의 보이지 않는 도우심 덕분입니다.

이 귀한 일터에 더욱 은혜가 넘치기 위해, 이곳을 드나드는 영혼들을 살찌울 수 있도록, 이곳에서 일하는 이들에게 리더로서 그리스도인의 향기를 남길 수 있도록, 주님의 사랑을 전하고 싶습니다.

또 하나 감사한 것은 바쁜 부모 밑에서 자란 두 딸이 신앙 안에서 자기 비전을 찾아가고 있다는 것입니다. 큰딸은 청년교회에서 찬양 리더로 섬기며 청년 사업가로 살고, 둘째 딸은 저를 도와 요식업에 발을 들여놓아 경영을 배우고 있습니다. 아직도 저는 남편 구원을 위해 기도하고 있습니다. 오랜 시간 저를 기도하게 하신 만큼 언젠가 남편이 하나님 앞에 두 손 들고 나오리라 믿습니다.

지금 제가 욕심내는 것은 하나입니다. 기도 욕심입니다. 신앙생활을 하면서 예스맨으로 살려 노력했고 긍정적이고 적극적으로 살았지만 기도는 그리 욕심내지 않았습니다. 이제부터는 기도 욕심으로 살고 싶습니다. 그런 삶을 살 수 있도록 부평제일교회 성도님들이 저를 독려해 주시고 응원해 주십시오.

10

복의 근원을
꿈꾸게 하신 하나님

노성환 장로

2018년은 부평제일교회가 40주년을 맞이하는 해입니다. 저는 부평제일교회를 다닌 지 31년이 됩니다. 간증문을 쓰면서 지나온 삶과 신앙생활의 여정을 뒤돌아보게 되었습니다. 하나님께서 제 인생에 얼마나 간섭하시고 함께 하셨는지, 그리고 온전한 길로 인도해 주셨는지 떠올리며 이 글을 적고자 합니다.

성령의 복을 받다

저는 부평제일교회에 다니면서 제일 큰 축복을 받은 성도 중에 하나입니다. 그중에 가장 큰 복은 하나님을 알게 된 것이요, 그분과 만난 것입니다.

저는 1985년에 처음으로 신앙을 갖게 되었습니다. 청년으로 작은 사업을 하다가 어떤 계기가 되어 교회를 찾게 되었습니다. 당시 과천에서 생활하고 있어서 1985년 5월 첫 주에 과천교회에 등록했습니다. 감사하게도 열심을 주셔서 예배에 빠지지 않는 교인이 되었습니다. 그러던 어느 날 교회 부흥회에 참석했습니다. 소원을 가지고 하나님께 기도하라는 말에 이렇게 기도했습니다.

'제 형편이 너무 곤고합니다. 그러니 제 형편을 잘 이해하며 저와 같은 수준의 반려자를 만나게 해주세요.'

신기하게도 얼마 후에 작은 형수의 소개로 지금의 아내를 만났고 1986년 결혼했습니다. 당시 과천교회에서는 세례를 받지 않으면, 담임 목사님이 주례를 서주지 않았는데 저의 믿음을 좋게 보셨는지 부목사님께서 나서서 담임 목사님의 결혼 주례를 받게 해주셨습니다. 세례 교인이었던 아내와 큰 교회 예배당에서 결혼식을 올리면서 저의 작은 기도도 응답하시는 하나님을 체험할 수 있었습니다. 그리고 얼마 뒤 1986년 11월 추수 감사 주일에 저도 세례를 받았습니다.

믿음이 커졌는지 다음 해 1987년 새해부터는 매주 목요일에 경기도 가평에 있는 한얼산 기도원을 교인들과 함께 가게 되었습니다. 기도원을 가보니 많은 사람들이 와 있었고 강단 예배실과 산에서 기도하는 모습이 장관이었습니다. 어떤 기도를 저렇게 열심히 할까 구경만 하고 돌아왔던 기억이 납니다. 그런데 어느 순간 제 마음속에 억울함 비슷한 생각이 드는 겁니다. 나도 열심히 기도해서 하나님을 만나야겠다는 거룩한 욕심이 생겼습니다. 마음 한구석에서 용기가 나서 저 혼자 한얼산 기도원으로 갔습니다.

과천에서 버스를 타고 1시간 40분을 가서 청량리에서 내린 뒤, 거기서 다시 시외버스를 타고 가평 현리에서 내려 산길을 15분 정도 걷다 보면 기도원이 나왔습니다. 기도원을 찾아 기도하고 예배를 드렸지만, 성령 체험은 없었습니다. 한 번 가고 두 번 가고 세 번 갔지만 아무 응답이 없었습니다. 찬송을 많이 불러서 그런지 몰라도 가슴 한군데 약간의 충만함이 있는 것은 느꼈습니다. 그러다가 네 번째 가는 날이 되었습니다. 그날은 아예 3일 금식을 하기로 작정한 뒤 산에 올라갔습니다. 물론 배가 고파서 온통 머릿속에 먹을 생각만 했습니다. 여하튼 이렇게 금식하며 기도하고 내려왔습니다. 그 뒤 다섯 번 여섯 번 다시 찾아갔습니다. 그런데도 아무런 응답이 없었습니다.

여덟 번째 기도원에 가는 날은 아예 집에서부터 금식을 하고 버스를 타고 한얼산 기도원을 찾았습니다.

'주님, 나도 다른 사람이 체험하는 하나님을 만나고 싶습니다.'

매달리며 기도했지만 여전히 응답이 없었습니다. 전나무 밑으로 자리를 옮겨 사도신경을 500번 외워 보기도 했으나 마찬가지였습니다. 저녁 집회가 끝났을 때 불빛이 있는 전나무 밑에 자리를 잡고 한탄하면서 회개 기도를 해보기로 했습니다. 기도가 시작되었습니다. 어릴 때부터 지내온 시간을 돌이켜 생각하면 빠뜨리고 회개 고백하지 못할 것 같아서 거꾸로 고백하기 시작했습니다. 우선 오늘 회개할 일을 기도하고 어제, 일주일 전 열흘 전 한 달 전으로 거슬러 올라가니 참으로 많은 잘못들이 생각났습니다. 제 자신을 속인 것도 많았습니다

회개 기도를 마쳤지만, 하나님의 음성은 들리지 않았습니다. 그래도 자리를 떠나지 않고 하나님을 찬양하면서 할렐루야를 부르며 주님을 만나는 체험을 달라고 기도했습니다. 그러자 그때 하나님께서 역사하셨습니다. 마음속에 '하나님이 세상을 이처럼 사랑하사 독생자를 주셨으니 이는 그를 믿는 자마다 멸망치 않고 영생을 얻게 하시리라'는 말씀이 떠오르면서 눈물이 쏟아지더니 한없는 하나님의 은혜가 밀려왔습니다. 그러더니 이상한 소리를 내며 방언으로 기도하게 되었습니다. 더 흥이 나서 큰 소리로 방언으로 기도를 하고 숙소로 돌아오니 잠을 자는 사람도 있고 은혜를 나누는 사람들도 있었습니다.

제가 들어가니 저를 보는 눈빛이 달랐습니다. 오랫동안 기도

하고 온다면서 하나님을 만난 사람 같다는 겁니다. 하여 솔직한 체험을 털어놓았습니다. 하나님을 만나 방언을 하게 되었고 말씀도 주셨는데, 어디에 쓰여 있는 줄을 모르겠다고 하니 요한복음 3장 16절 말씀이라고 가르쳐 주었습니다.

다음 날 아침이 되었습니다. 일찍 일어나 새벽기도회에 참여하는데 어제 받은 성령 체험의 역사가 지나갔으면 어쩌나 걱정이 되었습니다. 하여 기도시간에 조심스레 방언을 해보니 다행히 어제와 같은 방언이 유창하게 나왔습니다. 너무 기뻐 금요집회까지 드린 뒤 예배당 청소까지 마치고 내려갔습니다. 신발이 없어진 걸 알고서도 마음이 상하지 않았습니다. 기도원에서 주는 맞지 않은 신발을 구겨 신고 오면서도 한없는 기쁨과 웃음과 감사가 넘쳤습니다. 은혜 체험을 하고 오니 기도를 안 하면 갑갑해서 있을 수 없어 새벽기도에 참석하여 기도했고 그길로 제 신앙생활은 이어졌습니다.

그러다 일 때문에 작전동으로 이사 왔고 생활의 어려움 가운데서 부평제일교회를 만났습니다.

어려움 가운데 만난 하나님

하나님을 만나 충만한 은혜 가운데 있었지만 제가 벌인 사업에는 부침이 있었습니다. 크게 호시절을 누리기도 했고 큰 난관에 처하기도 했습니다. 하지만 기도로 이겨나가던 중 과천에서의 생활을 접고 새로운 곳으로 이사를 오게 되었습니다.

1988년 10월 경 인천 계양구 작전동 865-25, 방 한 칸과 부엌 한 칸이 전부인 반지하 방으로 이사를 오게 된 뒤 작전동에 정착하게 되었습니다. 당시 아내와 두 자녀가 함께 있었습니다. 큰딸 지영이는 3살, 작은 딸 보영이는 8개월이었습니다.

이곳까지 오게 된 것은 작전동 현대백화점에서 장사를 시작했기 때문입니다. 1층에 있는 2개의 코너 매장에서 작게나마 장사를 하며 새롭게 생활하려고 한 것입니다. 당시 현대백화점은 유동인구가 많아 희망이 있었습니다. 또한 부평제일교회 교인 몇 분도 이곳에서 장사를 하시고 있어서 좋았습니다. 이천휘 담임목사님께서 백화점 신우회에 오셔서 예배를 드려주셨습니다. 교회에 새신자로 등록한 지 얼마 되지 않았기에 서먹서먹하긴 했어도 위안이 되었습니다.

그런데 희망을 안고 시작한 생활은 적신호가 켜지기 시작했습니다. 백화점에 입점하여 여러 장사를 시작했건만 장사가 썩 잘되지 않았습니다. 아내와 제가 교대로 장사를 했지만, 속수무책이었습니다. 어느 순간 이렇게 살아선 안 되겠단 생각이 들더군요. 이미 성령을 체험했던바, 지금이야말로 성령님의 간절한 도우심이 필요한 때란 생각이 들었고 새벽 예배의 문을 두드렸습니다. 그 당시 이천휘 담임 목사님께서 새벽기도를 인도하셨는데, 아직은 교회가 서먹서먹했던 저는 새벽마다 뒷자리 구석에서 기도하고 돌아오곤 했습니다. 그렇지만 저는 우리 교회가 좋았습니다. 이 교회를 선택하게 하신 하나님의 예비하심에 다시 감사했다고 할까요. 실제로 저희 부부가 이곳에 이사 온 뒤 교회를 찾아 다녔는데, 부평제일교회는 위치상 눈에 띄는 교회는 아니었습니다. 그런데 이상하게도 제 눈에 들어왔고 게다가 좋아하는 감리교단이라서 이 교회의 교인이 되었습니다.

어쨌든 새벽기도를 다니면서 담임 목사님께서 우리 집을 심방하셨습니다. 반지하 방 한 칸짜리 집, 그것도 네 명이 앉으면 꽉 차는 방에 목사님을 비롯한 신방대원들이 찾아와 예배를 드렸습니다. 워낙 방이 좁아 신방 대원이 모두 들어오지도 못했어도 창피하지 않았습니다. 오히려 예배를 마친 뒤 어떻게 여기까지 오게 되었는지 제 이야기를 나누며 더 가까워졌습니다.

과거 군 제대 후(1982년) 과천에서 장사를 해서 거의 1억에 가까운 돈을 벌었고 두 번의 작은 사업장을 운영하다가 다 잃고 왔다는 이야기, 그러나 실패 가운데 주님을 만난 덕분에 주님이 함께하신다는 믿음이 있기에 좋은 사업장을 주실 거라 믿는다고 고백했습니다. 이 고백에 목사님도 무척 감사하게 생각하셨습니다. 그렇게 부평제일교회는 어려움 가운데 주님을 다시 만나는 곳이 되어가고 있었습니다.

다시 임하심

1989년, 저는 부평제일교회 새벽예배에 출석하여 새로운 직업을 달라고 기도했습니다. 도저히 장사로는 승부가 나지 않겠다고 판단했습니다. 그러던 어느 주일, 잘 알지도 못하는 분이 제게 명함을 한 장 주면서 회사를 찾아와 보라고 말씀하시는 겁니다. 한재룡 장로님이셨습니다. 그동안 새벽에 하나님께 기도만 했을 뿐 누구한테도 일자리 부탁을 하지 않았는데, 하나님의 기도 응답이 분명했습니다.

며칠 후 받은 명함에 있는 주소로 이력서를 들고 찾아갔습니다. 그런데 회사 입구에서 아는 얼굴을 만났습니다. 우리 교회 김수영 집사였습니다. 우리 둘 다 면접을 보고 합격해 나란히 입사하게 되었습니다. 저와 동갑인 김 집사님은 대학을 나와 바로 차장이 되고 저는 주임으로 회사 생활을 시작했습니다.

제가 맡은 일은 외국에서 수입한 물건을 국내 매장에서 판매하는 영업이었습니다. 워낙 사업체가 탄탄했기에 배우는 심정으로 일했고, 수출입 관계에 관한 여러 루트를 알고 영업의 세계를 배울 수 있었습니다. 하나님께서 교회를 통해, 아니 교회의 사람을 통해 기회를 열어주시니 그 은혜에 더욱 감사했습니다.

회사생활을 시작하면서 저는 교회 일에도 충성을 다해야 한다는 마음이 생겼습니다. 하여 1990년 초에는 제2남선교회 회장도 맡았습니다. 당시 남선교회는 2남선교회까지만 있었고 남자 성도들은 얼마 없어서 일이 어렵지 않았습니다. 처음으로 남선교회가 주최하여 영월로 야외 예배를 다녀오기도 했습니다. 같은 직장에 다니는 김수영 집사님께서 남선교회 총무로 일을 해주셨기에 우리 둘은 더 가깝게 지냈습니다.

1991년도에 주일학교 교사가 하고 싶어 아동부 엄은희 전도사를 찾아갔습니다. 교사교육을 받지 않아 보조교사로 시작했습니다. 주일학교 교사가 된 것은 한얼산 기도원에서 드린 서원 기도 때문입니다. 저는 하나님을 만나게 되면 꼭 교사를 하겠다고 약속했습니다. 교사 교육을 받지 않은 저는 보조 교사로 주일학교 봉사를 시작했습니다.

엄 전도사는 저를 교사의 길로 잘 인도해 주셨습니다. 1992년도에는 제게 5명의 학생이 배정되었습니다. 저는 하나님께 잘 가르칠 수 있는 능력을 달라고 기도했습니다. 기독서점에 가서 아이들에게 영의 양식이 될 만한 책을 사 와서 보기도 했습니다. 우리 분반은 부흥해 연말에는 9명이 되었습니다. 1993년 지방회에서 모범 교사로 감리사 상을 받기도 했습니다.

이렇듯 교회 활동에 나름대로 사명을 다했는데 또 한 차례 제게 어려움이 다가왔습니다. 새롭게 찾은 직장에서 어느 정도 안정되게 일하던 중 갑작스러운 해고 통지를 받은 겁니다. 청천벽력이었습니다. 해고의 이유는 그때도 지금도 모릅니다. 억울한 마음도 있었지만 오히려 목사님께 제 사정 이야기를 하며 더 열심히 하나님의 뜻을 구했습니다.

그러자 하나님께서는 또다시 제 기도를 들어주셨습니다. 해고된 지 20여 일이 지난 어느 날 김수영 집사님이 급히 만나자는 연락을 해 왔습니다. 만나보니 제게 관리하던 대리점을 맡아서 해보라는 제안을 하는 겁니다. 회사의 개편 작업에 따라 부실이 심한 대리점은 없애고 내실 있는 곳만 이끌고 가기로 결정이 났는데, 자신이 보기에 부실이 심한 대리점 중 괜찮은 곳이 있으니 잘 운영하면 좋을 것 같다는 제안이었습니다. 순간 빛이 비치는 것 같았습니다. 작은 사업체를 운영하게 해 달라는 기도에 대한 응답이었습니다. 결국 그 제안을 수용하기로 한 뒤 백화점 매장을 정리하고 누님의 도움도 일부 받아 자금을 마련하여 새롭게 사업에 뛰어들었고 결국 오늘에 이르렀습니다.

1995년도에는 권사 직분을 받았습니다. 당시 직장에서의 해고를 당해 생활의 어려움 때문에 큰 봉사를 하고 있지 못했기에 부끄러웠습니다. 그럼에도 앞으로 열심히 하라는 직분으로 생각하고 10명의 성도와 함께 권사 직분 취임 예배를 드렸습니다. 직분을 받게 되니 하나님의 일에 더욱 충성하게 되었고, 다시 힘을 낸 덕분인지 1996년도 지방회에서 또다시 모범 교사상을 받았습니다. 당시 우리 교회 아동부가 120여 명이 되었고 유치부가 30명 정도 되어 150명이라는 숫자가 되었습니다. 권사가 된 뒤로는 교회학교 부장으로 일하게 되었습니다.

교회 내 행사 일에도 열심히 참여하려 노력했습니다. 당시 벧엘성서대학이 열렸는데 이천휘 담임목사님 지도 아래 창세기부터 요한계시록까지 공부했던 기억이 납니다. 특히나 그때 공부했던 내용 중에서 창세기 12장 1~3절, 복의 근원이 되라는 말씀이 제 심령에 꽂혔습니다. 복을 받고, 누리고, 나누어 주는 게 복의 근원이 되는 삶이란 말이 가슴에 꽂혔던 것이지요. 그때 저는 복의 근원이 되자고 결심했습니다. 아브라함이 아닌 노성환이 복의 근원이 되게 해달라고 기도했습니다. 그 마음이 얼마나 간절했는지 다음날 기독서점에 가서 복의 근원이란 성구를 사 와서 사업장 문 앞에 달아 놓기도 했습니다. 아침 출근하여 기도할 때마다 복의 근원이 되게 해 달라고 기도했습니다. 그리고 그 비전은 현실이 되었습니다.

1996년 서울무역과 모든 거래를 마치고 처음으로 개인 사업자를 내서 단독 대리점 사업을 시작하면서도 삶은 녹록지 않았습니다. 생각대로 되지 않았고 그동안 번 많은 자금이 어딘지 모르게 새나가고 있었습니다. 신앙생활도 조금은 나태해졌습니다. 이래서는 안 되겠다 생각이 들면서 날마다 방언으로 기도하고 노트에 영서를 써가면서 자신을 영적으로 채워 나가기 시작했습니다.

그러던 1999년, 새로운 변화가 찾아왔습니다. IMF 이후라서 한국 경제는 어려웠습니다. 살던 집도 팔고 조그만 집으로 이사를 했습니다. 이때 수원에 사는 지인을 통해 중국에 초청을 받았습니다. 중국은 물건값이 굉장히 싸니 좋은 제품을 찾아 한국 시장에 선을 보이자는 제안이었습니다. 그 제안을 받고 간절히 기도했습니다. 언어도 다르고 문화도 다른 곳에서 좋은 사람을 만나게 해달라는 기도였습니다. 그 결과 하나님의 은혜로 좋은 사람을 만났고 거래가 성사되었으며 사업이 풀리기 시작했습니다. 그 이후로 여러 중국 사람들을 만나게 되었는데, 중국 청도뿐 아니라 중국 산동성 전 지역, 위해, 연태, 위방, 해양, 재남, 일조 등 여러 곳을 다니며 상품을 계약해 한국 내 사업장에 새로운 상품들이 들여왔습니다.

사업이 풀리자 이번에는 백화점 사업이 아니라 우리나라 전국

도매업 유통 사업을 시작하게 되었습니다. 처음은 어려웠지만, 점차 국내 시장에도 뿌리가 내리기 시작했습니다. 작게 시작한 백화점 대리점 사업이 상계동 미도파, 중계동 한신, 광명 한신, 인천, 인천희망, 부평 동아시티, 부천 LG 백화점까지 7개로 늘어나게 된 겁니다.

열심히 하다 보니 또 다른 사업 아이템도 눈에 들어왔습니다. 어느 계절에는 무엇이 필요하고 소비자들이 좋아하는 사이즈와 색상 등이 무엇인지 안목이 생긴 겁니다. 그렇게 특화된 제품들을 들여와 판매하다 보니 사업은 점점 흥왕하게 되었습니다.

중국에서 하나님의 임재도 경험했습니다. 중국을 방문했는데 거래처 사장이 몸이 매우 아파 병원에 입원해 있어 상담할 상황이 아니었습니다. 그래도 중국까지 왔으니 그 수고가 아까워 병원으로 찾아갔습니다. 바이어에게 기도해도 되겠냐고 물었더니 고개를 끄덕이며 승낙했습니다. 어차피 한국말을 못 알아들으니 방언으로 기도하는데 마음이 뜨거워지며 그곳에 성령이 임했습니다. 병문안을 마치고 2시간 후 그에게 전화가 왔습니다. 나아서 퇴원해 집으로 간다는 것입니다. 어찌나 기뻤는지 모릅니다. 그분과 저는 지금도 돈독한 사이로 지내고 있습니다.

일꾼 삼으시는 주님

사업을 향한 하나님의 축복이 더해지면서 저는 교회 일에 더 충실하게 되었습니다. 지금도 기억에 남는 건 2000년도에는 부평제일교회에서 처음 간 해외 성지순례입니다. 저와 아내도 신청을 하여 25명이 이스라엘, 이집트, 이탈리아, 영국, 프랑스를 갔습니다.

이집트에 도착하여 모세의 출애굽 여정과 요셉의 피난교회, 시내산을 돌아서 드디어 이스라엘에 입성하여 베들레헴, 예루살렘, 십자가 언덕, 갈리리 호수 등 성경에서 읽던 장소를 눈으로 확인하니 가슴이 뛰었습니다. 이어서 이탈리아에 카타콤, 바울이 수난당한 장소, 영국의 대형 박물관, 파리 루브르 박물관 등 많은 곳을 다니며 세상은 넓고 지혜로운 사람도 많다고 생각했습니다.

2003년도에는 참으로 부족한 제가 장로로 피택되어 교회와 지방 연회에서 봉사하게 되었습니다. 장로로서 여러 일을 맡게 되었습니다. 15년 동안 해온 교회학교 교사를 사임하고 15년 근속 교사상을 지방회에서 표창받고 이제는 장로로서 더 큰 직임에 감당하게 되었습니다.

2004년도에는 중국 찬양 선교 단장으로 중국, 청도, 위해 등을 다니며 중국 삼자교회 교인들과 교류했습니다. 부평제일교회에서 준비한 찬양과 이천휘 목사님의 설교를 통해 그들에게 은혜를 끼치고 함께 그리스도의 사랑을 나누며 뜨거운 여름을 보냈습니다. 8월이라 사람들이 꽉 찬 예배당에서 집회가 시작되면 온몸이 땀에 젖었습니다. 당시에는 에어컨이 없거나 겨우 작은 것 하나 있어서 집회가 끝나면 찬양 대원들이 녹초가 되었습니다. 하지만 기쁨이 넘쳤습니다. 하나님의 사랑이 이렇게 큰 줄 몰랐다고 서로 받은 은혜를 간증했습니다.

2005년도에도 찬양 선교 단장으로서, 이천휘 목사님과 함께 중국 재남, 태안, 고밀, 청도 지역을 돌며 선교했습니다. 중국 교회 성도들이 도전을 받았다는 기쁜 소식이 오면, 이 일을 시작하게 하신 하나님께 감사했습니다.

목욕 봉사도 기억납니다. 부평제일교회에서는 지역 사회를 위해 목욕 봉사를 하고 있습니다. 연세가 많거나 몸이 불편하여 목욕할 수 없는 계양구 주민들이 대상입니다. 저는 2조 조장으로 화요일과 목요일 2차례 목욕 봉사를 하고 있습니다. 목욕 대상자 중에 어릴 때 교통사고를 당해 60세가 넘어서까지 걷지 못한 분이 있습니다. 그분 몸을 씻길 때는 저도 모르게 구역질이 나옵니다. 몸에 상처가 있고 피에 진물에 때에, 냄새가 말할 수 없었습니다. 그분은 목욕을 마치면 얼굴에 웃음꽃을 피우며 더듬더듬 "정말 고마워요."라고 말해주었습니다. 그 말에 얼마나 기쁘고 미안한지 눈물이 났습니다.

2004년도에는 이천휘 담임 목사님과 성도들이 터키 소아시아 지역과 그리스 밧모 섬에 갔습니다. 가슴이 뛰었습니다. 계시록이 나온 일곱 교회를 보면서, 바울 사도가 전도한 복음 현장을 보면서 이러한 어려움 속에서 복음이 우리에게까지 전해졌다고 생각하니 감격스러웠습니다. 모진 고난과 고통과 핍박을 받으며 생명을 전하기 위해 노력한 것을 생각하니 편하게 여행할 수 없었습니다. 한걸음 한걸음이 도전되었습니다. 저 역시 우리 교회에서 작은 힘이 되어야겠다고 결심하게 되었습니다.

성지 순례 후, 속회에 열심히 참여했습니다. 그때는 부평제일교회에서 몇몇 가정만 모여 부부 속회를 드렸는데 제가 속장이었습니다. 부부 속회다보니 가정의 문제나 어려움을 꺼내 기도하고 부부가 어떻게 만나서 결혼까지 했는지 이야기도 나누었습니다. 어떻게 고난을 이겨냈는지, 자녀는 어떻게 양육했는지 등 이야기 나누면서 더 친밀해졌습니다. 속도원들이 멀리 있는 친형제보다 더 가까워졌고 교회 생활에 힘써지게 되었습니다. 주일에 만나면 더 반갑고 기뻤습니다.

이렇게 교회 생활을 하는 중에도 제 생활도 크게 축복받게 되었습니다. 가정도 사업도 확장이 되었는데, 특히 2007년도엔 좋은 상품이 크게 히트되면서 전국 각지에서 주문이 밀려 들어왔습니다. 30억 가까이 매출이 발생되면서 그동안 전세 월세 임대로 있던 사업장도 작전동 동리에 새로운 사옥을 구입하여 확장하게 되었습니다. 그로 인해 많은 상품을 보관하게 되었고 많은 물건을 실은 컨테이너가 끊임없이 들어오게 되었습니다. 참으로 바쁘고 즐거운 일이었습니다.

이러한 사업의 축복과 함께 하나님께서는 장로로서 믿음의 지경도 넓히게 하셨습니다. 이 시기에 교회 장로님을 통해 한국 CBMC 기독 실업인에도 가입했습니다. 열심히 참여했더니 2년 후엔 CBMC 계산지회 회장도 역임하게 되었습니다. CBMC는 전문인과 사장들에게 복음을 전하는 단체이자 성경적인 사업과 복음 전도를 위해 성경을 공부하는 단체입니다. 저는 성령 체험도 하고 새벽마다 방언으로 기도하고 통변하며 우리말로 기도는 했지만, 성경 공부에는 문외한이었습니다. 창피하기도 하여 집중적으로 성경 공부를 시작했습니다. 그동안 장로지만 어렴풋이 알던 성경을 더 가까이 공부하게 되었다고나 할까요. 그때 공부한 삼위일체 하나님, 양태론, 교회사를 비롯한 마르틴 루터와 칼뱅의 종교개혁 등이 생각이 납니다.

2014년도에는 늦깎이로 대학 문을 두드렸습니다. 만학도를 위한 혜택이 있는데, 담임 목사님과 상의한 후 추천서를 받아 서울신학대학교 신학과에 도전했습니다. 2015년 입학한 저는 20살 학생들과 함께 공부하게 되었습니다. 철학, 세계사, 헬라어, 신학을 배우는 과정이 벅찼습니다. 거기다 일까지 병행하다 보니 힘겹기도 하지만 저의 믿음의 지경이 넓어지고 견문을 쌓게 하신 하나님께 감사할 뿐입니다.

지금 저희 가정은 두 자녀가 결혼하여 자녀까지 낳아, 주님 안에서 행복하게 지내고 있습니다. 이제 부평제일교회는 40주년 기념예배를 드리고 새로운 곳으로 이전하기 위해 기도하는 중입니다. 작전동이 재개발되면서 지역 환경이 바뀌게 되었습니다. 이제 새롭게 교회를 지어 더 큰 영향력으로 복음을 전하고, 말씀으로 굳게 서는 성도들이 더 많이 배출되기를 기도합니다.

저희 부부는 부평제일교회가 새로운 곳에서 더 크게 부흥되기를 바랍니다. 그리고 세상에서 방황하는 많은 사람이 우리 교회를 찾아 생명을 얻고 진리 안에 거하기를 기도합니다. 주님께서 그렇게 해주실 것을 믿으며 주님께 영광 돌립니다.

이르시되 너희가 너희 하나님 나 여호와의 말을 들어 순종하고
내가 보기에 의를 행하며 내 계명에 귀를 기울이며 내 모든 규례를 지키면
내가 애굽 사람에게 내린 모든 질병 중 하나도 너희에게 내리지 아니하리니
나는 너희를 치료하는 여호와임이라

출애굽기 15:26

여호와 라파

나는 너희를 치료하는 여호와임이라

11

병상에서
만난 주님

김양미 집사

"집사님, 이렇게 교회에 나오다니! 얼마나 다행인지 모르겠어요. 집사님을 보면 하나님 은혜라는 생각밖에 안 듭니다."

지금도 저는 이런 이야기를 자주 듣습니다. 걸어서 교회를 다니는 저를 보며 자기 일처럼 기뻐하는 교인들, 저를 다시 걷게 하신 하나님을 보는 분들에게 그 고마움을 보답할 길은 내가 만난 하나님을 전하는 것입니다. 또한 이것이 하나님께 영광을 돌리는 일입니다. 교통사고로 뇌를 다쳐 두 번이나 큰 수술을 한 저는 그 은혜의 과정을 표현하는데 한계가 있을 겁니다. 그러함에도 교만했던 저를 만나주시고 생명을 유지해주신 하나님, 그분의 사랑을

전하려 합니다. 그분이 나를 구원해 주셨다는 그 변함없는 사실,
그 진실의 힘을 믿고 이야기를 시작합니다.

무늬만 크리스천이던 시절

저는 어머니가 불자라서 어려서부터 자연스럽게 불교 신앙을
가졌습니다. 가족 모두 그랬습니다. 그런데 우리 집은 뭔가 제대
로 되지 못했습니다. 삐걱거렸고 어려움이 많아 내가 믿는 종교
에 대해 의심했습니다. 기복 신앙이었던 저는 내가 잘되고 편안
하면 그 종교가 좋다고 보았던 것입니다.

사회에 나와서 편집 디자인 일을 했습니다. 잡지사를 다니며
디자이너로 일하다가 지금의 남편을 만나 결혼했습니다. 결혼을
한 이유 중 하나는 일이 잘 풀리지 않던 친정을 떠나고 싶었기 때
문입니다. 그러나 결혼하고 나서도 여전했습니다. 남편은 공부를
계속하고 있었고, 시아버지를 모시고 살며 틈틈이 일하면서 집안
을 돕는 입장이었습니다. 이런 현실이 답답했습니다.

첫 임신을 하면서 일을 그만두자 더 갑갑했습니다. 몸도 약해
져서 자주 아팠습니다. 이런 환경에서 저는 기댈 곳을 찾았고 이
런 제 상황을 아는 고등학교 때 친구가 신앙생활을 권유했습니
다. 친구는 신앙인이면서도 제게 전도를 하지 않더니 그날은 담

대히 제게 복음을 전했습니다.

"이젠 네가 복음을 받아들일 시간이 된 것 같다. 예수님을 구주로 영접해 봐."

친구는 하나님을 믿고 평안함을 얻어 보라며, 자신이 다니는 부평제일교회를 추천했습니다. 그때 친구의 말을 듣고 교회를 나가게 된 것은 순전히 기복적인 마음 때문이었습니다. '절을 다니면서 일이 잘 풀리지 않았으니 교회를 다니면 좀 나아지지 않을까?'하는 마음이 있었습니다.

20여 년 전 친구의 전도를 받고 교회에 발을 들여놓았지만, 적응하지 못했습니다. 어린 시절 크리스마스가 되면 친구를 따라 교회에 간 적이 있지만, 자발적으로 교회의 뜰을 밟기는 처음이었습니다. 모든 게 새롭고 낯설었습니다. 새신자에 대한 과한 관심도 부담스러웠고 세상 언어와 동떨어진 말투와 용어도 이질감이 느껴졌습니다.

하지만 저희 아이들은 교회에 빨리 적응시키고 싶었습니다. 어린 시절 엄마를 따라 절에 다녔던 제 모습이 떠오르면서, 저희 아이들은 기독교 안에서 크기를 바랐습니다. 큰아이가 네 살 때 교회 부설 기관인 백합어린이집에 등록한 것도 그 이유입니다.

교회를 다녔지만 저는 무늬만 크리스천이었습니다. 생각이 많아선지, 마음이 강퍅해서인지 예수님의 존재를 끊임없이 의심했습니다.

"친구야, 나는 예수님이 정말 세상에 계신지 잘 모르겠어."

"그 믿음을 주시는 분도 하나님이셔. 절대 다른 생각하지 마."

이런 미지근한 마음을 교회 분들도 아셨을 것입니다. 주일 예배 외에는 잘 참석하지 않았습니다. 속장님이 속회 예배가 있다고 하루 전날 전화해서 확인하고 독려했지만 이리 빼고 저리 빼는 일이 잦았습니다.

"집사님, 집사님 댁에서 속회 예배 드리는 거 아시죠?"

"네."

대답해 놓고도 당일에 연락 두절이 된 때도 있었습니다. 속회 예배를 드리면서도 말씀에 순종하기보다 딴지 거는 스타일이었습니다. 속장의 인도로 말씀을 공부할 땐 "왜요?"라고 묻는 일이 다반사였습니다. 속회 예배 분위기가 어색해지는 일도 있었습니다. 한마디로 교만했습니다. 그런데도 교회 식구들은 저를 아껴주셨고 포기하지 않으셨습니다.

저는 이기심에 가득한 신앙생활을 했습니다. 남편이 교수로 임용되기를 기도했습니다. 교회에 등록한 지 10년 뒤에 교수로 임용이 될 때까지 하나님의 계획이나 뜻이 아닌, 우리 가족의 건강과 행복, 남편의 성공만 구했습니다. 이기적인 기도였습니다. 그러함에도 하나님은 몇 년째 시간 강사로 있던 남편을 목포해양대학교 교수로 임용되게 하셨습니다. 마흔에 교수가 되었을 때 누구보다 속도원들이 기뻐해 주셨습니다. 자기 일처럼 기뻐해주셔서 미안했습니다. 늦게나마 교수로 임용받게 하신 하나님께는 잠깐 감사하고, 저는 그저 가족이 좀 더 편안하게 살 수 있게 되었다는 안도감에 취했습니다.

남편이 교수가 되었지만, 신앙은 여전히 게자리였습니다. 주변에서는 기도 응답이라며, 축복받았다고 했지만 저는 감사에 인색했습니다. 여전히 세상 사람들과 만나 식사하고 이야기 나누는 것을 즐겼습니다.

낯선 땅에서의 회복

"집사님, 미국에 가서 신앙생활 잘하세요. 아셨죠?"
"네, 노력해볼게요"
"진짜 잘하세요."

남편이 안식년을 맞아 우리 가족이 미국으로 떠나자, 담임 목사님은 몇 번이나 당부하셨습니다. 남편은 대학에서 1년간의 안식년을 받았습니다. 잠시 휴식 시간을 주고 연구 과제를 맡아 프로젝트를 수행하는 것입니다. 남편의 안식년은 우리 가족에게도 좋은 기회였습니다.

미국 로렌스대학에서 연구하게 된 남편을 다라가서, 저는 아이들과 함께 미국에서의 생활을 즐겼습니다. 그래도 십수 년 신앙 생활을 한 터라 교회 분들이 단단히 당부한 대로 주일 성수를 결심하고 한인교회에 출석했습니다.

그때부터 저에게 변화의 바람이 불었습니다. 이곳에 사는 한국 사람들은 낯선 땅에서 미국 문화에 빨리 적응하려 노력하면서도 한편 향수도 있어 함께 모이는 자리를 찾게 됩니다. 그 사회에서 느끼는 이질감과 유색인종에 대한 은근한 차별에 마음 상할 때가 많습니다. 그래선지 사람들이 교회에 모여 위로받고 결집되었던 것 같습니다.

그런 이유로 우리 가족도 교회를 다녔습니다. 주일이면 각처에서 모인 성도들과 함께 예배를 드리고 교제를 나누고 식사하며 한국의 맛과 정을 느꼈습니다. 따뜻한 정 때문인지, 신앙생활이 즐거워지고 교회 가는 게 좋았습니다.

어느 날 한인교회 사모님께서 제게 제자교육을 권하셨습니다.

"김 집사님, 이번에 제자교육 하는데 한 번 해보지 않을래요?"

"제자교육이요? 속회 같은 건가요?"

"속회는 여럿이 그룹으로 모여 예배드리지만, 제자교육은 한 사람 한 사람을 예수님의 제자가 되게 하는 성경 교육이에요."

특별히 할 일도 없었기에 교육을 받기로 했습니다. 저는 사모님과 1대1로 만나 말씀을 나누고 연구하고 묵상하고 기도했습니다. 한국에서 삐딱한 자세로 말씀을 읽고, 말씀에 방어적인 태도를 보였던 저는 제자교육 초기에도 그 버릇이 여전했습니다.

"이 성경 구절은 왜 이런 표현을 했어요?"

"우리가 세상에 나올 것을 이미 예정하셨는데, 그렇다면 흉악한 죄인들은 왜 세상에 나오게 하셨을까요?"

사모님은 저의 이런 질문에 친절하게 대답해 주셨고 저는 이해하고 수긍해 갔습니다. 방어적으로 말씀을 대하던 자세에서 수용하고 궁금해하는 자세로 바뀌어 갔습니다. 말씀 속에 담긴 하나님의 뜻은 무엇일까, 이 말씀에서 나는 어떻게 행동해야 할까? 고민했습니다. 예수님의 사랑을 깨닫게 되면서 의심하고 미지근하게 신앙생활을 했던 것을 회개하게 되었습니다.

'아. 정말 하나님이 계시는구나.'

지금까지의 삶, 인간적인 목표로 고집스럽게 살아온 제 모습이 후회가 되었습니다. 이런 저를 너그럽게 품어 주신 주님께 감사했습니다.

미국에서의 1년은 남편에겐 안식년이었지만, 저에게는 참 신앙을 얻게 된 시간이었습니다. 예수를 믿고 십수 년 만에 누리게 된 평안과 회복, 그 은혜를 가슴에 안고 한국으로 돌아왔습니다.

사고와 회복, 그 가운데에서 만난 주님

부평제일교회에 돌아왔을 때, 많은 분이 "미국 다녀오더니 은혜를 가슴에 담고 왔다"고 했습니다. 어떤 분은 표정부터 말투까지 변해서 왔다며 반가워하셨습니다. 죄송하기도 하고 감사하기도 했습니다. 그러면서 교회 일에도 참여하게 되었습니다.

그러던 어느 날 큰 사고가 일어났습니다. 2010년 어느 날, 저는 보통 차를 운전하고 다녔는데 그날은 걸어서 작전역 쪽으로 가고 있었습니다. 지하철역 앞 횡단보도에서 보행 신호를 보고 건너는데 갑자기 차 한 대가 쏜살같이 저를 향해 돌진해 왔습니다. 쾅 소리와 함께 저는 정신을 잃었습니다.

얼마쯤 지났을까, 제 귀에 익은 목소리가 미세하게 들렸습니다. 정신을 차리려 했지만, 몸을 꼼짝할 수가 없었습니다. 눈앞에는 의료기계만 보였습니다. 입술을 달싹거려보니 다행히 말은 할 수 있을 것 같았습니다. 하지만 무슨 말을 어떻게 해야 할지 생각나지 않았습니다.

'왜 이러지? 내 머리가 왜 이러지?'

사고가 났던 기억만 희미하게 남고 모든 기억의 회로가 끊어진 것 같았습니다. 가족들은 깨어서 다행이라며 안도의 한숨을 쉬었고 저는 온몸에 달린 의료기기에 당황했습니다.

"김양미 씨 정신이 드세요? 말씀하기 곤란하면 제 질문에 끄덕이기만 하세요."

의사는 간단한 사항을 점검했는데 그것조차 잘 인지되지 않았습니다. 아무래도 큰일이 난 것 같았습니다. 깨질 듯 머리가 아팠습니다. 얼마 뒤 제 상태를 알게 되었습니다. 달려오는 차에 정면으로 부딪힌 뒤 20m는 날아가 왼쪽으로 떨어지면서 발목, 골반, 어깨, 머리가 강한 충격을 받아 다쳤고, 한 달 동안 코마 상태로 있다가 깨어난 것입니다.

모든 뼈와 신경이 상해 저는 병원 침상에 묶여 있었습니다. 뇌를 다친 것이 가장 심각한 문제였습니다. 병원에서 1년 있으면서 두 번의 뇌수술을 했습니다. 부러진 뼈와 손상된 신경 회복을 위해 어깨 수술, 골반 수술, 발목 수술도 이어졌습니다. 또한 시신경도 한쪽이 끊어져 어디 한 곳 성한 곳이 없었습니다.

상태가 이러니 의료진은 물론이고 저도 죽을 날을 받아둔 사람처럼 살았습니다. 의료진은 회복은커녕 발목을 절단해야 할지도 모른다, 실명할지 모른다, 뇌의 정상적인 기능은 어려울 것이다 등등 절망적인 말만 했습니다. 병상에서의 시간은 낙담의 연속이었습니다.

'주님, 차라리 저를 데려가세요.'

이런 기도를 드리며 하루하루를 보냈습니다. 어느 한 부위 마음대로 움직일 수 없고, 뇌수술로 말도 어눌해지고 어린애 같이 되었습니다. 이렇게 살 바엔 죽는 게 낫겠다고 생각했습니다.

그러면서도 남편과 한창 커가는 두 아이가 마음에 걸렸습니다. 이제 좀 살 만했는데 언제 끝날지 모를 치료를 받고 있으니 미안했습니다. 엄마 손이 필요할 아이들은 물론이고, 지방에서 학생들을 가르치며 인천을 오가는 남편에게도 죄스러웠습니다.

교회 식구들은 사고 소식을 듣고 가장 먼저 달려오셨습니다. 이천휘 목사님을 비롯한 장로님, 집사님들 모두 저를 위해 울며 기도해 주셨습니다. 저를 사랑해 주시던 장로님은 제가 병상에 누워 있는 모습을 보시는 게 너무 힘들었다고 훗날 고백할 정도로 제 상태는 심각했습니다. 교인들은 끊임없이 병실을 찾아 기도하고 용기를 주셨습니다.

"집사님, 하나님은 병상에서 드리는 기도를 기쁘게 받으세요. 치료하는 하나님을 꼭 붙들고 기도합시다."

목사님은 '여호와 라파' 되시는 하나님에 대해 늘 말씀해 주셨습니다. 어린아이같이 된 저는 낫게 해달라고, 무조건 고쳐달라고, 일어나 걷게 해달라고 기도했습니다. 치료하시는 하나님, 나를 고쳐주시는 하나님을 의지했습니다.

그러자 신기하게도 몸이 차츰 회복되었습니다. 뼈가 상해서 일어날 수 없을 것 같던 제가 서게 되었습니다. 재활 치료를 하며 조금씩 걷게 되었고, 뇌수술 후유증으로 어린아이와 같던 판단력이 조금씩 좋아졌습니다. 어눌했던 발음도 또렷해져 갔습니다.

병원에서도 제 회복을 놀라워했습니다. 특히 오랫동안 같은 병실을 사용하던 환자들이 그랬습니다. 가망 없던 환자가 조금씩 회복되어 걷고 말도 하니, 그들도 희망을 품게 되었습니다. 같은 병실에 휠체어를 타고 다닌 한 환자는 저에게 이런 이야기를 했습니다.

"나도 교회를 다녔어야 했어. 교회 사람들이 와서 예배 드려주고 기도해주니 이렇게 빨리 회복이 됐나 봐."

저를 많이 부러워했기에 그 자리에서 부족하나마 전도했습니다. 제가 만난 예수님에 대해 수려하게 전하지는 못했지만, 가슴 속에 은혜의 뜨거움이 있었기에 예수를 영접하라고 진심으로 이야기했습니다. 이 과정을 겪으며 이런 생각이 문득 들었습니다. 지금껏 하나님을 원망하고 차라리 죽음을 달라고 떼도 썼지만, 나의 아픔으로 누군가 예수를 만날 수도 있다는 것을.

저의 몸은 회복의 길을 걸었습니다. 드디어 퇴원하고 병원을 다니며 재활 치료, 운동 치료 등에 전념했습니다. 어느 정도 지나자 집안일도 조금씩 할 수 있게 되었습니다.

하지만 부평제일교회에는 나가지 못했습니다. 부축을 받고 교회에 갈 수 있었지만 나가지 못했습니다. 초라해 보이는 게 싫었습니다. 아마도 그때까지 감사가 회복되지 못했던 것 같습니다. 교회 사람들과 가급적 만나지 않으려 했습니다. 외출할 때도 부딪히지 않기를 바랐습니다. 그런데 어느 날 교회 목사님과 사모님을 정면으로 만났습니다. 두 분은 저를 보시더니 반가워하시며 손을 붙잡고 이야기하셨습니다. 많이 회복되어서 감사하다며, 이야기 끝에 왜 교회에 나오지 않느냐고 물으셨습니다. 딱히 이유를 댈 것이 없어 우물쭈물하니 사모님께서 기다리겠다며 꼭 오라고 말씀하셨습니다.

어찌나 죄책감이 들었는지…. 저를 위해 한걸음에 병원으로 달려오시던 분들, 함께 눈물 흘리며 기도해 주시던 분들의 모습을 가족을 통해 들었는데, 그동안 제 상황에만 빠져 지낸 것이 미안했습니다. 회개가 되었습니다. 솔직히 나의 이런 상황을 모르는 다른 교회나 성당으로 갈까 생각하기도 했습니다. 그런 제 생각을 주님이 한순간에 뒤집어놓으셨습니다.

다음 주부터 부평제일교회로 갔습니다. 교인들의 환영과 위로에 저는 다시 성도로서의 삶을 시작했습니다. 다시 나가자 어머니 품에 안긴 듯 편안했습니다. 예배하고 기도하는 저를 주님은 위로해 주셨습니다. 주님께서 저에게 고난을 주신 것은 저를 미워해서가 아니라 저를 통해 당신께서 하실 일이 있으셨기 때문이었습니다. 그리고 회복하게 하심으로 주님의 주님 되심을 깨닫고 믿음을 견고케 하시려는 뜻이었습니다. 자기 잘난 맛에 살고, 남에게 비치는 삶을 살던 저를 주님이 막으셨던 겁니다.

'주님, 감사합니다. 제 건강을 가져가실 분도 주님이시고 회복시켜 주실 분도 주님이십니다. 이제부터 저의 생명은 주님의 것입니다.'

마침내 이런 고백을 드릴 수 있었습니다.

지금 모습 이대로 감사합니다

　지금의 저는 사고 이전의 모습처럼 완전히 회복되지는 않았습니다. 신경이 죽은 상태이지만, 더 나빠지지 않는 것만으로도 감사합니다. 일상생활이 불편하기도 합니다. 다친 왼쪽으로 물 잔을 들면 몇 걸음 가지 못해 흘립니다. 그래도 제 손으로 빨래를 하고, 가족들 식사를 챙겨줄 수 있습니다. 아이들은 엄마의 공백을 수년째 느끼며 지냈지만, 주님의 은혜로 모두 대학을 진학했습니다. 특히 목포와 인천을 오가며 학생들을 가르치고 아픈 아내를 간호하느라 애쓰는 남편에게 미안하고 감사합니다. 쉽지 않은 일을 묵묵히 해 준 남편입니다. 그 고마움에 CBS에서 우리 교회로 취재를 왔을 때 편지를 써서 사연을 전하기도 했습니다. 폭풍 같이 지나간 어려운 시간을 함께해 준 가족, 그 가족을 허락하신 하나님께 감사드립니다.

　저는 기도합니다. 주님께서 다시 살려주신 목숨이니 그 이유와 목적대로 살아가게 해달라고. 하나님의 은혜로 회복되는 길목에 사고를 당한 것으로 자칫 시험에 빠질 수도 있었습니다. 그러나 하나님께서는 저를 버리지 않으셨습니다. 하나님께서는 모두가 절망을 말할 때, 기적적으로 회복시켜 주시고 살아계심을 보여 주셨습니다. 내가 경험한 그 하나님을 전하는 것이 부족한 제가 할 일이라고 생각합니다. 전신 화상을 입고도 하나님을 증거하는 이지선 씨의 간증집을 읽으며 저는 큰 도전을 받았습니다. 고통 가운데에서도 하나님의 사랑을 보는 이지선 씨처럼 저도 그렇게 살고 싶습니다.

지금까지 주님으로부터, 교회 식구들로부터, 가족으로부터 그 사랑을 받았습니다. 이제는 그 사랑을 나누고 전하고 싶습니다. 그래서 기도합니다. 더 나빠지지 않은 모습으로 주님의 사랑을 전할 수 있게 해 달라고.

나를 변화시킨 주님께 영광을 돌립니다.

12

나를 연단하신 후에
정금같이 나아오리라

황의국 장로

신앙의 짝을 만나게 하심

"의국아, 누나 따라 좋은 데 가자."

어린 시절, 큰 누님은 한참 어린 저를 좋은 데라는 곳으로 데리고 갔습니다. 고향인 논산 언덕배기에 있는 조그만 교회였습니다. 많은 형제 틈에 끼어 생활하던 제게 큰 누님은 어머니 같은 존재였습니다. 누님의 손을 잡고 따라간 시골 교회는 지금도 기억에 남아 있습니다.

그 시절 누나를 따라 교회를 다녔지만, 예수님을 알거나 그분의 사랑을 체험하지는 못했습니다. 하지만 신기하게도 어린 시절 이후 신앙의 공백기를 갖고 청년이 되어서도, 시골 교회에서 부르던 찬양, 예배, 교회학교에서 간식 먹던 일이 생각났습니다. 결혼 전까지 신앙생활을 하지 않았지만, 막연히 예수님께서 계신 것에 믿음을 가져야 한다고 생각했습니다. 하지만 혼자서 교회를 찾아갈 엄두는 내지 못했습니다.

시골에서의 대가족 생활은 넉넉치 못해 다들 알아서 밥벌이를 해야 했습니다. 저 역시 대학 진학은 꿈도 꾸지 못한 채 고등학교 졸업 후 직장을 선택했습니다. 시골 사람들이 생각하는 좋은 직업은 대부분 공무원, 교사, 은행원 등이었습니다. 저 역시 공무원 시험을 준비했습니다.

국가직과 지방직 시험에 모두 합격한 저는 뛸 듯이 기뻤습니다. 지금이야 공무원 시험도 부처별, 지역별로 보지만 그 당시 국가 공무원은 총무처에서 주관하여 전국적으로 시험을 치른 뒤 합격자들을 각 부처로 보냈습니다. 저는 먼저 합격 통지를 받은 지방직을 포기하고, 국가직 발령을 기다렸습니다. 기대 반 걱정 반 하며 기다렸는데 의정부세무서로 발령을 받았습니다.

그때는 세무서가 무엇을 하는 곳인지도 몰랐습니다.

태어나서 처음으로 의정부를 가게 된 저는 서울 정릉에 사는 형님네에서 기거하며 직장생활을 시작했습니다. 가정을 일구고 계신 형님 댁에서 생활하는 게 편치는 않았습니다. 게다가 정릉에서 의정부까지 출퇴근하는 일이 만만치 않았습니다. 새내기 공무원으로서 업무를 파악하기도 힘든 데 출퇴근 거리까지 멀었습니다. 그래도 세무 공무원으로서 가져야 할 마음가짐으로 전문적이고 까다로운 업무를 조금씩 숙지해 나갔습니다.

그러면서도 교회를 나가야 할텐데 하는 마음이 문득문득 들었습니다. 하지만 혼자서 교회 문을 열고 들어가는 게 쉽지 않았습니다. 몇 차례 시도했으나 교회에 정착하지는 못했습니다. 이런 제 마음을 알았을까요? 어느 날 대전에 사는 둘째 누님께서 결혼 이야기를 꺼내셨습니다. 둘째 누님은 자신이 출석하는 교회에 믿음이 좋은 아가씨가 있다며 소개했습니다. 그리고 저는 그녀와 결혼했습니다.

아내는 독실한 크리스천 집안의 딸이었습니다. 집안 분들은 신앙심도 깊었고 목회의 길로 간 분도 있었습니다. 저는 믿음 있는 아내를 맞아 다행이라 여겼습니다. 신앙이 곧게 자란 사람이 동반자가 되니 잃었던 믿음을 회복하기가 훨씬 수월했던 겁니다. 지금도 하나님께 가장 감사한 것은 신앙의 아내를 만나게 해주신 것입니다. 어찌 보면 제 신앙은 시골 교회에서 시작되었지만, 아내를 따라 제대로 된 신앙생활을 시작했습니다.

하나님이 선택해주신 교회

인천시 부평구 효성동은 우리 부부에게 생경한 지역이었습니다. 사람 사는 동네니 살기 마련인지, 나름 적응하며 살았습니다. 그런데 교회를 정해야 하는 일이 문제였습니다.

"어느 교회를 나가야 할까?"

"글쎄요…. 이 지역에 교회가 많은데 몇 군데 다녀보죠."

그러나 아내도 저도 갈피를 잡지 못했습니다. 선뜻 마음에 와 닿는 교회가 없었습니다. 어느 날이었습니다. 가족이 사는 연립 주택 단지를 벗어나 한참을 걷는데 골목 안쪽에서 사람들이 나오고 있었습니다. 큰길도 아닌 골목에서 웬 사람들이 나오나 궁금한 마음에 골목을 들어섰습니다. 그곳에 부평제일교회가 있었습니다.

그때 내가 본 교회는 건축하기 전인 초창기 모습이었습니다. 성도가 많지 않았지만, 왠지 교회에 마음이 끌렸습니다. 담임으로 보이는 젊은 목사님 한 분이 동분서주하며 교인들과 만나는 모습, 교인들의 활기찬 모습이 인상적이었습니다. 마당에 흙탕물이 고여 있고 반지하에 숨어있다시피 한 교회였습니다. 예배당 가운데 난로를 두고 장작으로 난방하는 열악한 상황이었습니다. 낡고 보잘것 없는 교회라서 외적으로 사람을 끄는 힘은 없었습니다. 그런데 예수를 믿겠다고 찾아온 이곳의 면면이 궁금했습니다.

'저 사람들은 왜 이 교회를 나올까?'

궁금증을 안고 예배에 참석했습니다. 예상대로 젊은 목사님은 열정적이셨습니다. 아내도 나와 같은 느낌이었습니다. 저희 부부는 그 후 다른 교회를 더 둘러보지 않고 부평제일교회에 등록하고 그날로 성도가 되었습니다.

아내와 저는 교회를 신뢰하고, 저는 새롭게 시작한 신앙생활인 만큼 핑계 대지 않고 교회를 다녔습니다. 아내는 저와 비교도 안 될 정도로 열심히 신앙생활을 했습니다. 믿는 집안에서 성장했기에 늘 예배가 있는 자리를 찾았습니다.

회사 일을 마치고 집에 오면 저녁 8시경이 됩니다. 그러면 아내는 밥을 챙겨주고 애들을 내게 맡기고 집 앞에 있는 개척교회의 기도회 모임에 참석해 밤 10시경 돌아왔습니다. 이게 일상이었습니다.

매일 저녁 기도를 드리며 남편과 아이들을 챙기는 아내를 보면서 저는 신앙인의 모습을 보았습니다. 곁에서 누군가 신앙의 본이 되고 길잡이가 되어줄 때, 신앙도 많이 자란다는 것을 확실히 알게 되었습니다. 그래서 부족한 제가 장로라는 귀한 직분을 받았을 때, 제가 가장 먼저 결심한 것이 '신앙의 본이 되자'였습니다.

제 직장은 세금을 거두는 곳이라 돈에 민감합니다. 당연히 납

세의 의무를 하지 않는 이들을 독려하고, 잘못 부과된 세금을 찾아내며, 당연히 내야 할 세금을 내지 않는 경우에는 법적인 책임을 묻습니다. 이 일은 정직이 필요합니다. 아직은 신앙의 걸음마를 뗀 수준이었으나 저는 제 일을 위해 꾸준히 기도했습니다. 인간은 나약하고 유혹에 쉽게 넘어갈 수 있습니다. 유혹에 넘어가지 않도록 하실 분은 하나님밖에 없기 때문입니다.

직장 일은 그럭저럭할 만 했습니다. 문제는 부평에서 서울로 출퇴근하는 것이었습니다. 버스를 타고 부평역까지 가서 부평역에서 많은 사람이 꽉 찬 전철로 서울까지 출퇴근하니 피로가 쌓였습니다. 출퇴근에 하루 3~4시간씩 허비하는 것도 안타까웠습니다.

"아무래도 우리 서울로 이사해야 할 것 같아."

아내에게 말하고 저희 가정은 서울로 이사할 계획을 세웠습니다. 동네를 떠난다는 건 아쉬울 게 없는데 교회를 옮기는 게 마음에 걸렸습니다. 그래도 상황이 상황인 만큼 이사하는 게 바르다고 생각했습니다. 그런데 아내의 생각은 좀 달라 서울로 이사를 하는 게 맞는지 기도했다고 합니다. 그러던 중 담임 목사님을 찾아가 이런 상황을 설명했더니 목사님께서 대뜸 이러시더랍니다.

"성도님, 지금 황 성도님 서울로 가시면 안 됩니다. 지금 막 신앙 생활 시작하고 자리를 잡아가는데 다른 교회로 옮기면 믿음 떨어져서 안돼요. 그냥 여기서 지내세요."

평소에는 잘 타협하고 이해를 해주시던 분이었건만, 이사에 대해서는 단호하게 반대하니 아내도 난감했을 겁니다. 얼마간 고민을 하고 아내는 이렇게 말했습니다.

"목사님도 그렇고 나도 서울로 집 옮기는 건 반대에요."

그때만 해도 가부장적인 태도가 강했던 저는 목사님 말씀 한 마디에 꺾일 수 없다고 생각했습니다. 살던 집을 내놓고 서울에 집을 마련하기 위해 동분서주했습니다. 공무원주택조합원이 되면 아파트를 사기가 좋다는 것을 알았기 때문입니다. 그러나 하나님께서는 그 계획을 막으셨습니다. 효성동에 집이 있고 집을 판다고 해도 조건에 되지 않아 공무원주택조합에 가입할 수 없었습니다. 설상가상으로 내놓은 집까지 덜컥 팔리면서 상황이 급하게 되었습니다. 저도 모르게 기도하게 되었습니다.

'하나님, 여기 머무는 게 하나님 뜻이라면 그렇게 하겠습니다. 이렇게 막으시는 걸 보니 여기 있는 게 맞는 것 같습니다.'

그날로 다시 살 집을 구하러 다녔고 목사님의 소개로 작전역 사거리 근처에 있는 집을 얻게 되었습니다. 이 일을 통해 저희 부부는 하나님께서 이곳에 머물게 하신다는 것을 확실히 알았습니다. 지금도 만약 그때 서울로 이사했다면 지금보다 여유롭게 살았겠지만, 신앙은 어땠을까? 하고 생각해봅니다. 당연히 세상에 빠져 죄악 가운데 헤매고 있을 것입니다. 모든 것이 하나님의 은혜입니다.

육신을 통한 연단

"황 집사님, 세무 공무원이시니까 우리 교회 재정위원으로 섬 겨주시면 어떠실까요?"

담임 목사님의 제안에 솔직히 주저했습니다. 교회 재정이라 니! 그런 중책은 신앙 연수가 많고 믿음의 깊이도 있는 분이 해 야할 일인데 평신도인 데다 아직 믿음이 미성숙해서 처음엔 고사 했습니다. 그런데 목사님은 이런 일에 전문성이 필요하고 저의 신앙을 신뢰하신다며 용기를 주셨습니다. 결국, 평신도지만 재 무부에서 위원으로서 섬기게 되었습니다. 그 직분의 무게가 너무 컸습니다.

"여보, 하나님께서 큰일을 맡겨주신 데에는 더 기도하라는 의 미에요. 나랑 같이 새벽기도에 나가요."

저는 아내의 권유에 새벽 제단을 쌓았습니다. 하나님의 은혜 가 새벽에 더 크게 임한다는 것을 느낄 수 있었습니다. 말씀이 새 롭게 다가오고, 기도의 입술이 열리기 시작했습니다. 직장에서 정직과 공의로 살아가는 그리스도인이 되어야 한다는 다짐을 다 시 하게 되었습니다. 저는 직장 안에 예수를 믿는 이들이 많다는 것을 알고 신우회를 조직하고 예배드리며 직원들과 함께 믿음을 키워나갔습니다. 하나님께서는 직장에서도 저를 그리스도인으로 서 세워가셨습니다.

누구나 그렇듯 업무를 하다 보면 예외가 있습니다. 관례나 관습에 따라 상식을 무시하기도 하고, 타협이란 그럴싸한 말로 부당함을 눈감아 주기도 합니다. 세무 공무원으로 일하면서 돈을 다루다 보니 그런 유혹은 더욱더 많았습니다.

서울지방국세청 조사국에 근무할 때입니다. 조사국은 일정 규모 이상 되는 큰 업체를 전담하는 부서입니다. 일반 세무 조사 때는 회사가 제시하는 장부와 서류를 조사하지만, 탈루 혐의가 있는 업체는 강도가 센 조사를 합니다. 모 관광호텔에 대하여 탈세 제보가 들어와 세무 사찰을 나가게 되었습니다. 탈루 혐의가 있으니 장부 및 서류, 대표자 및 직원들의 메모장까지도 전부 압수해 조사하게 되었습니다. 조사하려는데 전화 한 통이 걸려왔습니다. 회사의 사장이었습니다.

"무슨 일이십니까?"

"잠깐 저 좀 만나주십시오."

회사 사장은 제게 간절히 청했습니다. 압수당한 서류 중에 작은 수첩 하나만 빼달라고 사정하는 겁니다. 어떤 수첩인지 말하지 않았지만, 회사의 비밀 장부라는 것을 알 수 있었습니다. 관광호텔 사장은 힘들게 일군 회사가 무너질 수 없다며 그것만 빼주면 회사가 회생할 수 있다고 사정했습니다. 순간 갈등했습니다. 그 회사는 일선 세무서에서 근무할 때, 제가 담당 관리하던 회사였습니다. 악마의 달콤한 속삭임도 들렸습니다. 인간적인 연민도 생겼습니다. 하나의 회사를 이루기까지 많은 연단과 어려움을 겪었을 것입니다. 게다가 세무 조사로 추징되는 세금도 철저히 내겠다고 약속했으니 회생의 길을 열어줘야 하는 게 아닌지 갈등했습니다. 사장과 만나는 짧은 시간이 길게 느껴졌습니다. 저는 마음속으로 기도했습니다.

'주님, 이런 상황에서 주님은 어떻게 하실 겁니까? 제가 어떻게 해야 합니까? 인간적인 정에 따라 저 사람을 도와줘야 합니까, 아니면 규정을 따라야 합니까?'

그때 제 머릿속에서 '정의와 공의의 하나님'이 생각났습니다. 옳은 일과 함께하시는 하나님께서는 제가 정직해야 한다는 것을 알려주셨습니다. 그리고 저는 그분의 간곡한 청을 거절할 수 있었습니다.

사실 이런 일이 비일비재합니다. 그날 이후로 공무원 인생에서 예외나 의를 가로막는 타협은 하지 않으려 노력했습니다. 지금도 주님이 주신 지혜로 상황을 분별하게 하신 은혜에 감사합니다.

세무 공무원으로서의 업무를 이어가던 중, 미래를 위해 세무사 자격증을 준비해야겠다는 생각이 들었습니다. 세무사가 되는 것은 이 계통 사람들이 대부분이 꿈꾸는 일입니다. 저 역시 세무사 자격증을 취득한다면 삶이 더욱더 여유로워질거란 기대감이 있었습니다. 강원도 홍천 쪽으로 자원 근무를 신청해 혼자 생활하며 공부에 전념하기로 했습니다. 사적인 생활도 끊고 공부만 했지만 나이 들어서 공부하려니 버겁고 힘에 부쳤습니다. 조급해진 마음에 퇴근 후 늦은 시간까지 책만 붙들고 있었습니다. 그런데 이런 갑작스러운 변화에 몸이 적응하지 못했는지 어느 날 갑자기 눈앞이 어릿어릿했습니다.

'어? 초점이 왜 이렇게 안 맞지?'

갑자기 쓰지 않던 머리를 써서 문제가 생겼나보다 처음엔 그렇게 넘겼습니다. 하지만 시간이 지날수록 시야가 흐려지고 온몸에 힘도 빠졌습니다. 덜컥 가슴이 내려앉았습니다. 무슨 일이 생겼구나! 다음날 바로 홍천에 있는 병원으로 가서 증상을 이야기하니 담당 의사가 고개를 가로젓더니 이곳에서는 치료할 수 없다며 인하대학교병원을 찾아가라며 소견서를 써주었습니다.

대수롭지 않게 여겼던 증세는 갈수록 심해졌습니다. 젓가락 하나 들 힘도 없었습니다. 병원에서 이것저것 검사를 하고 '중추 말초 신경염'이란 병명을 내놓았습니다.

"환자분, 이 병은 완치가 잘되지 않는 병입니다. 일단 약을 먹어보고 검사해 보며 경과를 지켜봅시다."

의사의 말은 회의적이라 더욱 불안해졌습니다. 병원에 입원해 한 달 넘게 몸을 새우등처럼 구부린 채 등에서 척수액을 빼고 검사하는 고통스러운 시간이 이어졌습니다. 가뜩이나 마음이 약해져 있는데 저와 똑같은 증상을 가진 아주머니를 만났습니다. 그

분은 2년 넘게 병을 앓고 있지만 별다른 차도가 없다며 절망적인 이야기를 했습니다. 저는 더욱 크게 낙심했습니다. 한 가정의 가장으로서 아프다는 것, 그것도 특별한 치료 방법 없이 나아질 것을 막연히 기대하고 산다는 것이 견디기 힘들었습니다. 나 자신에게 화가 났습니다. 왜 공부를 한다고 내려가 몸을 혹사했을까? 혹시 교회 일을 소홀히 해서 벌을 받은 건 아닐까? 하나님께서는 왜 내게 이런 고통을 주셨을까? 별의별 생각이 다 들었습니다.

다행히 목사님을 비롯한 많은 성도님께서 병원을 찾아오셔서 기도해 주시고 위로해 주셨습니다. 저희 가정과 저의 안타까운 상황을 두고 기도해주신 고마우신 분들입니다. 특히 목사님께서는 갑작스러운 어려움에 부닥쳐 있는 저를 안타까워하셨습니다.

"장로님, 하나님께서 장로님을 쓰시려고 욥과 같은 연단을 주시는 것 같아요. 지금까지 잘 해오셨잖아요. 지금 이 연단을 잘 이겨내면 반드시 하나님께서 욥에게 주신 갑절의 복을 주실 겁니다. 그러니 기도로 이겨내세요."

욥의 삶을 비유하시며 제게 용기를 주시는데, 그 말씀이 위로가 되었습니다. 제가 무엇이기에 위대한 욥에게 비유하시며 기도로 믿음으로 이겨내자고 하시는지, 그간 세상일에 취했던 것을 회개했고 기도로 매달렸습니다. 매일 새벽기도를 쌓던 아내는 눈물을 뿌리며 나보다 더 매달렸을 것입니다.

'하나님, 제 병을 하나님께 맡깁니다. 살려달라는 기도는 안

하겠습니다. 그저 저를 살리는 게 주님의 뜻이라면 그 은혜를 전하며 살겠습니다.'

새벽에 엎드려 기도할 때는 성도님들이 저를 위해 기도하는 모습을 파노라마처럼 보여주시기도 했습니다.

하나님께서는 은혜가 크고 깊어서 저의 부족한 기도를 들어주셨습니다. 20일쯤 지나자 몸에 조금씩 변화가 생겼습니다. 힘이 생기기 시작했습니다. 장기 입원할 가능성이 크다던 의사들은 저의 빠른 회복력에 놀랐고, 기도로 버티는 저를 다르게 보았습니다. 크리스천으로 술 담배를 하지 않으니, 처방받은 약이 잘 맞고 효과가 빨랐을 거라며 기뻐해 주었습니다. 저 역시 육신의 연단을 온전히 극복하며 하나님의 도우심을 느낄 수 있었습니다. 놀랍게도 한 달여 만에 몸이 회복되었고 저는 다시 회사에 복귀할 수 있었습니다. 주님 치료하심의 손길을 경험하고 난 뒤의 헌신은 뜨거울 수밖에 없었습니다.

이기는 신앙

한번 호되게 병을 앓고 난 뒤, 저는 모든 것에 감사하는 삶으로 바뀌었습니다. 특히 가족을 위해 비가 오나 눈이 오나 기도하는 아내와 입원 시 기도해 주신 많은 성도님께 고마웠습니다. 그 큰 고마움에 보답하는 길은 신앙의 동반자로 믿음 생활을 잘하는 거라 믿고 있습니다.

1997년, 장로 직분을 받을 때는, 집사 직분을 받을 때 버티고 고집부린 것을 회개하며 순종했습니다. 믿음이 없고 부족하다고 여기는 것 자체가 하나님께 교만함이 될까, 하나님께서 택하신 종으로부터 천거된 것이니 순종했습니다. 직분을 받고 나니 정말 직분대로 일하게 된다는 것을 알게 됩니다. 장로가 되니 교회 일에 앞장서게 됩니다. 또 제 전문 영역인 재정을 맡아 돕는 것에 감사합니다.

재정 일을 하면서 더욱 감사한 것은 부족하지 않게 채워 주시는 교회 재정과 투명한 운영입니다. 회계 쪽 일을 꾸준히 한 제가 볼 때, 교회 재정 운영은 어느 한 곳 의심할 수 없을 만큼 투명합니다. 재정을 보는 일꾼으로서 자부심을 느낍니다.

이런 감사함이 바탕이 되어 교회 일에 기쁜 마음으로 참여했습니다. 우리 교회가 가장 중요하게 생각하는 선교 사업, 특히 10차까지 진행된 중국 선교 찬양단 사역에 조금이나마 동참할 수 있었습니다. 제가 그리던 이상적인 모습인 기도하는 장로가 되기 위해 노력하게 되었습니다.

지금 저는 은퇴한 뒤, 주님께서 새로운 곳에서 일할 수 있게 인도해 주셨습니다. 은퇴 후 제2의 인생을 살고 있습니다. 그런데 진정한 의미의 인생은 교회에서 받은 직분에 걸맞은 헌신을 하며 사는 것이라 여깁니다. 교회가 창립 40주년을 넘어 향후 40년을 향해 가는 데 도움을 주는 것으로 생각합니다. 그래서 제게 주신 은사를 발휘할 수 있는 곳을 찾아 봉사할 계획입니다.

시편 127편 1절, '여호와께서 집을 세우지 아니하시면 세우는 자의 수고가 헛되며 여호와께서 성을 지키지 아니하시면 파수꾼의 경성함이 허사로다'

제가 가장 좋아하는 성경 구절입니다. 이 말씀처럼 모든 일의 주관자가 하나님임을 인정하고 사는 게 바로 참된 삶이라 생각합니다.

저는 육신의 연약함을 통해 하나님의 위대하심을 체험했습니다. 영과 육과 혼을 주관하시는 하나님의 뜻을 좇아, 우리를 유혹하는 세상을 이기는 신앙으로 나아갈 것을 다짐합니다. 아내의 가정은 독실한 크리스천 가정으로 늘 기도가 충만합니다. 하지만 제게는 구원받지 못한 형님들이 있습니다. 제가 할 일은 형제들에게 복음을 증거 하는 일입니다. 조지 뮐러는 한 사람의 영혼을 위해 50년간 기도했습니다. 그 사람은 뮐러가 죽고 나서 그리스도인이 되었습니다. 제 형님들도 언젠가 예수를 구주로 영접할 것이라 믿습니다. 실제로 제 오랜 친구를 위해 10여 년을 기도했고, 그가 예수를 영접했기에 더욱 확신합니다. 종교가 다르다는 이유로 관계가 틀어진 형님들의 구원을 위해 쉬지 않고 기도할 때, 그들의 강퍅한 마음이 녹고 후에는 예수의 향기가 나올 것입니다.

형님들의 구원, 이것이 저를 고쳐주시고 신앙의 사람으로 바꿔주신 주님의 전적인 은혜에 보답하는 것이라 믿습니다. 그래서 오늘도 그 믿음의 끈을 바짝 조입니다.

13

아픔이 변하여
춤이 되게 하신 하나님

전용옥 권사

시편 기자는 슬픔이 변하여 춤이 되게 하신 하나님을 찬양한다고 고백했습니다. 이 고백은 제 고백이기도 합니다. 예수를 믿기 전에는 슬픔과 상처가 가득 찼지만, 예수를 구주로 영접하고 난 뒤, 기쁨과 희망이 제 삶을 채웠기 때문입니다. 그 시절 주님을 만나지 못했다면 이 세상에서의 삶도 없었을 것입니다. 주님께서는 내가 가장 나락으로 떨어졌을 때, 몸과 마음이 가장 연약했을 때 찾아오셔서 오늘의 저를 만드셨습니다 영과 혼과 육을 치유하시며 이끌어주신 그분의 사랑을 고백합니다.

저는 춘향이와 비슷한 점이 있습니다. 낭랑 17세 신부라는 것입니다. 열일곱 살이라고 하면 청춘을 떠올리지만, 저는 그 나이의 시절을 생각하면 감당하기 힘들었던 시집살이가 생각납니다.

강원도 시골 가난한 집에서 태어난 저는 7남매의 맏이입니다. 첫딸은 살림 밑천이라는 어른들의 말을 들으며 온갖 일을 했습니다. 없는 살림에 온 가족이 일꾼이 되어 농사를 짓다 보니 제대로 공부도 하지 못했습니다. 어릴 때부터 집안일을 도맡아 하다보니 시골 살림살이와 농사일은 누구보다도 잘했습니다.

저는 믿지 않는 가정에서 자랐지만, 교회를 알고 있었습니다. 제가 다니던 초등학교의 교장 선생님은 독실한 기독교인이라 교회 건축도 하고, 학생들에게 전도하기도 했습니다. 하지만 예수를 믿으라는 권유에는 거부감이 있었습니다. 선생이면 가르치는 일이나 하지 쓸데없이 예수쟁이를 만든다고 생각하며 마음속으로 미워했습니다. 선생님의 그런 적극적인 전도가 싫어 더욱 마음을 꼭꼭 닫았는지도 모릅니다.

그러면서도 어린 시절 동네에서 굿을 하면 이상한 생각을 했습니다. 당시 동네에서는 누가 아프거나 어느 집에 우환이 있으면 굿을 했습니다. 그 굿을 구경하다 보면 점쟁이가 십자가를 그으며 마무리를 하는 겁니다. 그 모습을 지켜보면서 '아… 예수가 귀신 중에 제일 세긴 센가 보다' 했습니다.

하지만 그런 생각도 잠시, 저와 예수는 관계없다고 생각하고 살았습니다.

열일곱 살에 저는 동네 사람에게 시집을 갔습니다. 지금처럼 연애해서 결혼한 것이 아닙니다. 시댁 쪽 어머니께서 일 잘하는 저를 며느릿감으로 찍고 저희 부모님과 의논하신 뒤 시집을 가게 된 것입니다. 결혼에 대해 제대로 알지 못한 채 시집간 저는 결혼하고 난 뒤에야 결혼이 현실로 다가왔습니다.

"얘, 오늘은 밭에 가서 잡초 다 뽑아야 한다."

"얘야, 자고로 여자는 몸을 부지런히 놀려야 한다. 게으르면 안 돼."

시집가기 전까지 저를 예쁘게 보셨던 시어머니는 180도로 바뀌어 시집살이를 시작하셨습니다. 일곱 살이나 많은 남편은 데면데면했고 무관심했습니다. 사랑하는 사이라기보다 함께 일하는 사람이란 생각이 들 정도였습니다. 결혼생활은 행복하지 않았습니다. 시어머니의 구박은 더욱 심해졌습니다. 며느리 뒤통수만 보면 무슨 일이든 트집을 잡았습니다. 친정어머니가 어렵게 장만해 주신 혼수까지 흠잡고, 저를 괴롭히는 바람에 밥상머리에서 눈물을 흘리지 않은 날이 없었습니다.

온종일 허리가 휘도록 농사일을 하다 보면 다섯 아이는 방치되었습니다. 아이들을 건사할 시간도 없었습니다. 농사일을 마치고 집에 돌아오면 집안일이 기다리고 있어 살갑게 자녀들을 챙기지 못했습니다. 오히려 아이들이 걸리적거린다는 이유로 많이 혼내고 아이들에게 스트레스를 풀기도 했습니다.

6년쯤 지났을 때, 사건이 일어났습니다. 보통 농약을 치는 일은 남자들이 합니다. 그런데 저는 농약 치는 일까지 했습니다. 농약통을 등에 메고 농약을 치다가 그만 농약에 중독된 것입니다. 안전 장비 없이 농약을 쳐서 생긴 일입니다. 저는 농약에 중독된 지도 모른 채 농사를 지었습니다. 그런데 어느 날부터 몸이 이상해졌습니다. 농약 중독은 공황장애 증세로 나타났습니다. 누가 목을 조이는 것처럼 숨을 쉴 수 없고 땀이 비 오듯 흘렀습니다. 갑자기 죽을지도 모른다는 공포가 밀려와 어떻게 할 수 없는 심리적 상태가 계속되었습니다. 처음엔 그러려니 했는데 워낙 증상이 심각해 병원을 찾았습니다. 약을 처방받았지만, 차도가 없었습니다.

저를 미워하던 시어머니와 무관심한 남편은 제가 심각한 상태라는 것을 처음에는 믿지 않다가 갈수록 증세가 심각해지면서 때때로 죽을 것 같다며 난폭해지는 모습에 아차 싶은 표정을 지었습니다. 하루하루가 지옥 같았습니다. 어떤 날은 자는 남편을 갑자기 죽이고 싶었습니다. 차라리 피부가 썩어 칼로 그 부위를 도려내면 좋겠는데, 그럴 수도 없는 일이고 뾰족한 방법이 없으니 더욱 절망했습니다.

그때 교회가 떠올랐습니다. 당시 저희 아이들이 조카를 따라 교회를 다니고 있었습니다. 어린 시절 교회가 싫었던 저는 조카가 아이들을 교회에 데리고 가는 게 탐탁지 않았습니다. 뜯어 말리지는 않았지만, 아이들이 교회에 갔다 오면 보기 싫어 혼을 냈었습니다. 그런데 제가 어려운 상황에 놓이자 교회를 찾게 된 것입니다.

'한번 나가 볼까? 교회는 아무나 갈 수 있는 곳이라던데…. 그래, 한번 속는 셈 치고 나가보자.'

마지막 희망이라고 생각하고 남편에게 교회가 나가겠다고 선언했습니다. 뜨악하게 바라보는 남편을 보고 실망했지만 제 생각을 꺽진 않았습니다.

"교회에 가면 살 것 같아요. 그러니 날 교회로 보내주던지 아니면 갈라섭시다."

강경한 말투에 남편은 금세 꼬리를 내렸고 저는 읍내 교회에 나갔게 되었습니다. 어린 시절부터 예수 믿는 사람을 핍박하고 비난했던 제가 스스로 하나님을 찾아간 겁니다. 하나님께서는 제 상황을 아픔으로 바꿔놓으시며 저를 부르신 겁니다.

처음 가는 예배당이었지만 저는 편안했습니다. 잘 모르는 찬양을 하고 알아듣지도 못하는 성경 말씀이 제 마음을 찔렀다고나 할까요. 그날, 속회 예배까지 드리고 집으로 왔는데 예전과는 달리 마음이 가벼워졌습니다. 공포가 드리운 눈빛도 온화해졌습니다.

'아. 정말 하나님이 있나 보다.'

찬양을 드리고 말씀을 듣는 와중에 마음에 부딪힘이 있었는데 그 부딪힘이 그리워 다음 날부터는 새벽예배도 참석했습니다. 기도하는 방법도 모르고 성경 말씀이 어디 있는지도 모르는 무식한 사람이었지만 그저 저는 농약 중독을 고쳐달라고 기도했습니다.

그렇게 얼마쯤 지나 부흥회에 참석했습니다. 마음 놓고 기도하고 찬송하러 갔는데 갑자기 목이 콱 막히더니 목소리가 나오지 않는 겁니다.

"아……. 어, 어?"

제가 말을 못 하자 주위 집사님들이 달려왔습니다. 웬일인지 그 부흥회 시간 내내 제 입은 떨어지지 않았습니다. 목이 막혀 한 마디도 할 수 없게 되니 오히려 말씀이 귀에 들어와 박혔습니다. 부흥 강사님은 인간의 인성과 심성에 대해 말씀하시며 예수님의 성품을 닮아 화내지 말고 가정을 다스리라고 말씀하셨습니다. 그 말씀에 제 가슴이 뜨거워졌습니다. 과거의 죄악이 주마등처럼 스쳐 지나가며 말씀에 합당한 삶을 살지 못했음을 깨달았습니다. 저도 모르게 속에서부터 끓어오르는 분노와 화를 자식들에게 쏟아 붓고, 손찌검한 것이 생각났습니다.

'예수님, 잘못했습니다. 제가 잘못했습니다. 이제부터 주님의 사랑만 전하고 살겠습니다. 그러니 제 입술 좀 떼게 해 주세요.'

집회를 마치고 집으로 돌아올 때까지 목이 막혀 한 마디도 못했습니다. 그날 집으로 돌아와 아이들의 눈을 보고 손을 잡고 회개했습니다. 하나님께서는 내가 화내는 걸 막기 위해 목이 메게 하셨구나, 하는 생각이 들었습니다. 이렇게 깨닫자 막혔던 목이 순식간에 풀렸습니다. 이 일로 저는 확실히 예수를 믿게 되었습니다. 새벽기도에 나가 농약 중독을 고쳐달라고 기도하며 죄를 회개했습니다.

새벽을 깨우는 기도에 하나님은 응답하셨습니다. 새벽기도를 한 지 한 달이 지나자 공황장애가 사라졌습니다. 치유의 하나님을 만난 것입니다.

그런데 또 다른 핍박이 저를 기다렸습니다. 다 죽어가던 며느리가 예수를 믿고 병을 고치니 시어머니의 마음이 다시 강팍해진 겁니다.

"얘, 너 이제 괜찮아졌으니 교회는 그만 다녀라. 그동안 일도 못하고 놀았으니 이제 일 좀 해야지."

교회 가는 걸 막으시는 겁니다. 주일이 다가오면 더 많은 일을 시키며 꼼짝달싹 못 하게 하는 시어머니가 야속했습니다. 그러자 하나님께서는 다시 제 몸을 치시며 단련하셨습니다. 또다시 공황장애가 온 겁니다. 다시 찾아온 공황장애는 더욱 저를 괴롭혔습니다. 병원을 찾아 약을 먹어야 하나 고민했지만 저는 이미 세례를 받았고 "너는 내 것이라"라고 말씀하신 주님의 약속을 믿기로 했습니다. 오로지 기도로 이겨내야겠다고 생각하며 기도했습니다. 죽음과 같은 고통 때문에 식구들을 죽이고 싶은 마음이 들 때면 교회 바닥에 엎드려 기도했습니다.

'하나님, 저 이 병만 고쳐주시면 정말 하나님 일 열심히 하겠습니다.'

3년을 그렇게 매달려 기도했습니다. 시어머니나 남편도 어쩌지 못하고 지켜만 보았습니다. 저는 하나님께 매달리며 병과 싸웠습니다.

교회 목사님이 하라는 대로 순종하고 기도하며 지냈습니다. 한번은 속회 예배를 드리러 횡성 읍내로 간 일이 있었습니다. 속회 장소는 읍에서 제법 큰 약국을 경영하는 집이었습니다. 생활 수준부터 차이가 나서 살짝 주눅이 들고 부러웠습니다. 그런데 예배를 인도하던 권사님께서는 갑자기 제게 대표기도를 시키셨습니다. 순간 등에서 식은땀이 주르륵 흐르며 어찌할 바를 몰랐습니다. 어떻게든 한마디는 해야겠다는 생각에 눈을 감고 입술을 움직였습니다. 그런데 갑자기 제 의지와 달리 입술이 움직이고 이마가 뜨거워지는 것입니다. 왜 이러는지 모른 채, 그저 뜨거운 몸으로, 제멋대로 움직여지는 입술에 기도를 맡겼습니다. 기도를 마치고 이런 상황이 너무 부끄러워 아무 말도 못 했습니다.

그런데 예배를 마쳤을 때 모두가 제 기도에 은혜를 받았다고 말하는 겁니다. 전도사님인 줄 알았다고, 어떻게 그렇게 기도가 막힘없이 술술 나오느냐고 했습니다. 저는 압니다. 그게 제 의지가 아닌 성령님의 인도하심이었다는 것을. 이런 체험을 하고 난후, 주님은 제 입술을 주장하셨습니다. 그래선지 지금까지 어떤 예배 모임에서도 대표 기도를 하는 게 두렵지 않습니다. 성령께서 기도하게 하실 테니 두려움 따윈 없습니다.

하나님께서는 저의 믿음을 견고히 하셨고, 마침내 공황장애 증세를 말끔히 낫게 해주셨습니다. 기도로 승리하는 은혜를 경험케 하셨습니다.

더욱 감사한 것은 남편도 구원해 주셨습니다. 남편은 제가 공황장애를 고치는 것을 보면서도 교회에 나오겠다는 말을 선뜻 하지 않았습니다. 그러니 가족 구원이 일 순위 기도였습니다. 하나님께서는 당신의 때에 우리 아이가 고침 받는 체험을 통해 남편을 부르셨습니다.

막내 아이는 종기가 잘 났습니다. 몸 부위 여기저기 종기가 났는데, 한 번은 얼굴에 난 종기가 점점 커지는 것입니다. 고약을 붙여도 소용없었습니다. 종기가 커지자 아이는 아파했고 보는 부모 마음도 안타까웠습니다. 하루는 우리 집에 전도사님이 오셨습니다. 전도사님께서는 막내를 보시고는 마루 툇마루 끝에 서서 신유 기도를 해주셨습니다. 종기가 하루빨리 낫고 새살이 돋게 해 달라고 간절히 기도해 주셨습니다. 그 후 신기하게도 종기 부위에 딱지가 꾸덕꾸덕 굳더니 종기가 똑 떨어졌습니다. 종기가 흔적 없이 사라진 겁니다. 이 과정을 생생히 본 남편은 과연 하나님이 살아계시고, 병을 고치시는 분이란 확신을 가졌습니다. 그렇게 우리 가족은 구원의 길에 이르게 되었습니다.

가난에서 승리하게 하신 하나님

믿음의 가정이 된 우리 가족은 고향인 강원도를 떠나 인천으로 올라왔습니다. 이것도 하나님께 기도하며 얻은 응답이었습니다. 아브라함이 자기 고향 집을 떠나 하나님께서 인도하신 땅으로 간 것처럼, 우리 가족도 그런 응답으로 이사했습니다.

처음에 시골집을 떠나 인천으로 가겠다고 했을 때, 친척이나 동네 사람들의 시선이 곱지 않았습니다. 농사꾼이 땅을 일구며 살아야지, 바람이 들었다고 말하기도 했고, 예수를 믿더니 교만해졌다고도 했습니다. 하지만 저는 기도하면서 하나님의 뜻이 이

곳을 떠나는 거라는 확신이 있었습니다. 남편과 의논해서 이사를 단행했습니다. 결과적으로 1980년대, 시골 농사가 완전히 망했고, 하나님은 그 상황에서 우리 가족을 인천으로 옮겨 놓으셨습니다.

우리는 주님이 인도하시는 대로 살겠다고 기도하며 올라왔습니다. 저는 공장에서 할 일을 찾아서 했고 남편도 일을 시작했습니다. 하지만 얼마 되지 않아 남편이 다리를 다쳐 18개월 동안 쉬어야 했습니다. 당장 살길이 막막했지만, 주님은 때마다 재물을 채워주셨고 다섯이나 되는 자녀들을 가르치고 키울 수 있게 하셨습니다.

한번은 남편이 공사장에서 머리를 다쳐서 일을 쉬었습니다. 그때도 전세로 연연하며 어렵게 살고 있었습니다. 어느 날 집주인이 찾아와 다짜고짜 보름 안에 집을 빼라는 것입니다. 집 없는 서러움이 원통했습니다. 제가 할 수 있는 건 기도뿐이었습니다. 저는 교회 바닥에 엎드려 눈물로 기도했습니다. 기도하면서 집 주인을 원망했습니다. 며칠 지났을 때 동네 통장이 한 집을 소개했습니다. 그 집을 보는 순간 기분이 묘했습니다. 왠지 이 집을 사야겠다는 확신이 들었습니다. 기도하며 주님께 여쭈었습니다. 기도 중에도 계속 집을 사야겠다는 마음이 잠잠해지지 않았습니다. 무리해서라도 사야겠다는 마음이 들어 집을 샀습니다. 1993년, 그렇게 얼떨결에 집을 마련했습니다. 지금 그 터가 재건축이 되어 지금까지 우리 가족이 사는 터전이 되었습니다.

하나님께서는 아무것도 없는 우리 가족에게 이른 비와 늦은 비를 내려주시며 가난으로 수치를 당하지 않게 하셨습니다. 저희 부부가 최선을 다해 일해도 다섯 자녀를 입히고 키우는 일은 녹록지 않았습니다. 손이 닳도록 일했지만, 생활은 늘 빠듯했습니다. 특히 돈 때문에 자녀를 제대로 가르치지 못할 때, 교육비를 감당하지 못할 때는 더욱 마음이 아팠습니다. 그때마다 눈물의 기도를 드렸습니다.

그래도 하나님께서는 우리 아이들을 가르치셨습니다. 아들의 대학 등록금을 채워주신 은혜가 지금도 가장 기억에 남습니다. 큰아들이 대학을 가고 둘째 아이도 대학에 진학을 하게 되니 부담이 컸습니다. 저는 하늘의 부자이신 하나님께서 돈 때문에 아이들 학업을 멈추게 하지는 않을 거라 믿었습니다. 그럼에도 둘째 아이가 대학에 합격하고 입학금 70만 원을 내는 마지막 날이 내일이란 말을 들었을 땐 막막했습니다.

'하나님, 어떻게 해야 하나요? 제 수중엔 돈 한 푼이 없어요….'

공장에서 일손이 잡히질 않았습니다. 마침 교회 선교회의 회장님의 얼굴이 떠오르며 그분께 부탁해 봐야겠다는 마음이 들었습니다. 어렵게 전화를 하고 사정을 말씀드리자 감사하게도 입학금 70만 원을 빌려주시겠다고 했습니다. 그것으로 안심했는데 다음날 회장님에게 다급한 전화가 걸려왔습니다. 70만 원 중 일부만 가능하다는 이야기였습니다. 저는 하나님께 매달리며 기도했습니다. 그날 만나는 지인들이 이 사정을 알고 돈을 보태주었고 부족한 만큼 채워졌습니다. 마감 10분 전에 등록금을 낸 저는 아들과 함께 눈물로 감사기도를 올렸습니다. 그 눈물의 등록금 덕분인지 자녀들 모두 성실하게 공부하고 직장생활을 하고 있습니다. 하나님의 자녀로서 아름답게 살면서 은혜를 갚으며 살려고 노력합니다.

나팔 권사의 열혈 기도

부평제일교회에 다니기 전에 저는 다른 교회를 다녔습니다. 이미 뜨거운 사랑을 체험했기에 새롭게 신앙의 터전을 닦을 때도 순종하며 신앙생활을 했습니다. 그런데 교회가 삐걱거렸고, 그 모습이 결코 은혜롭지 않아 갈등했습니다. 이미 교회를 떠난 사람이 많았습니다. 서른다섯 살에 권사 직분을 받은 저는 기도로 하나님께 의견을 구했습니다.

어느 날 기도 중에 환상을 보았습니다. 빨간 벽돌로 지은 교회 건물이 우르르 무너지더니 담임 목사님을 끌어내리는 것입니다. 자세히 살펴보니 제가 다니던 교회였습니다. 그 환상을 통해 그

교회는 이미 영이 죽은 교회라는 확신이 들었습니다.

그 뒤 어느 교회에서 신앙생활을 해야 할지 알아보았습니다. 그러다 부평제일교회 예배에 참석하게 되었습니다. 이천휘 목사님께서 '삯꾼 목사가 되어선 안 된다'는 주제로 말씀을 선포하셨습니다. 자신의 양무리를 돌보는 목자로 건강한 목회관을 가지신 담임 목사님의 말씀에 큰 은혜를 받고 그때부터 부평제일교회가 저의 교회가 되었습니다. 그리고 지금까지 이곳에서 신앙생활을 하고 있습니다.

이곳에서도 저는 뜨거운 신앙을 이어갔습니다. 하나님께 받은 은혜가 컸기에 제가 있는 자리에서 할 수 있는 최선을 다하려 했습니다. 교인들을 위해 기도할 때는 무조건 제가 더 많은 사랑을 줄 수 있게, 아픈 분들을 위해 기도할 때는 그분의 생명을 거둬가기 전에 제 생명을 먼저 거둬가 달라고 부르짖어 기도했습니다.

부목사님께서 교통사고를 크게 당하셨을 때, 온 교인이 한마음으로 기도할 때, 저 역시 제가 일하는 곳에서 목사님을 위해 중보 했습니다. 하나님께서는 중보기도 중 환상을 통해 부목사님이 살 거란 확신을 주셨습니다. 그 응답이 정말, 감사해 온종일 신바람나게 공장일을 했습니다.

"권사님, 무슨 좋은 일 있으세요?"

"그럼요. 하나님이 우리 부목사님 살려주실 것 같아요. 너무 기쁘네요."

정말 며칠 뒤 부목사님은 의식을 회복하셨고 지금까지 목회활동을 잘하고 계십니다. 돌아보면 순간순간 이런 기적과 환상을 통해 하나님은 그 존재를 분명히 저에게 보이셨습니다. 그래선지 부평제일교회에서 25년 동안 신앙생활을 하면서 신앙의 침체기나 슬럼프가 없었던 것 같습니다. 교회에서 돕는 손길이 필요하면 제일 먼저 앞장섰습니다. 재정이 풍족하고 부족한 것을 떠나, 하나님께서는 마음의 중심을 보시니 무슨 일이든 무조건 순종하며 첫 번째로 나서니 신앙의 뜨거움이 사라지지 않는 것 같습니다.

예전에 시골교회에서 한창 은혜받고 기도했을 때, 제게 베풀어주신 하나님의 은혜가 정말 감사해서 북을 치고 다니며 전도했습니다. 나팔 집사라는 별명이 붙을 정도로 전도에 열정이 있었습니다. 그 열정은 지금까지 계속되고 있습니다. 제게 주신 직분을 어떻게 해야 잘 감당할 수 있을까요? 나팔 권사가 되어 예수를 모르는 이들에게 소리 높여 증인이 되는 것이라고 생각합니다. 그리고 나에게 있는 사람을 사랑으로 품는 은사, 다른 사람의 신앙을 독려하고 이를 위해 기도하는 일이라 생각합니다.

부평제일교회는 제가 받은 은혜를 좀 더 가치 있고 아름답게 사용하게 만드는 교회입니다. 저는 이곳에서 제 부족한 헌신의 몇 배가 되는 재정적 축복을 받았습니다. 지난해 우리 부평제일교회가 새롭게 건축을 앞두고 작정 건축헌금을 했습니다. 저도 부족하나마 건축헌금을 작정했습니다. 마음의 중심을 보시는 주님을 바라보고 작정했는데 교회에서 저희 아이에게 장학금을 주셨습니다. 몇 배 몇십 배로 돌아오는 주님의 사랑에 다시 한번 감사했고 더 많이 헌신하지 못함을 회개했습니다. 그러하기에 저는 부평제일교회에서 제 생이 허락되는 날까지 주님께 받은 은혜와 사랑을 나누고 싶습니다. 할 수 있는 최선의 헌신으로 하나님을 기쁘시게 하는 삶을 살고 싶습니다. 지금도 순간순간 저에게 응답하시고 깨닫게 하시고 만나 주시는 하나님께 영광을 돌립니다.

14

치유를 통해
세우신 가정

김진숙 권사

하나님께서는 별다른 희망 없이 살던 저희 가정에 찾아오셔서 가장 연약한 부분을 치유해 주시며 만나주셨습니다. 그리고 믿음의 가정으로 설 수 있게 인도하셨습니다. 돌아보면 주님의 도우심이 없었던 순간이 없었습니다. 삶의 굽이굽이를 하나님께서 함께해 주셨습니다. 그 손길을 깨달을 수 있도록 지혜를 주신 성령님께 감사하며 저희 가정이 세워져 간 신앙의 이야기를 나눠봅니다.

기댈 곳이 되어주신 주님

　1980년에 저와 남편은 집안 어른의 중매로 만나 결혼을 했습니다. 김천이 고향인 저는 어린 시절 동네 교회를 놀러 갔던 기억만 있을 정도로 신앙이 없었습니다. 일산이 고향인 남편은 군생활을 하면서 군종병과 알게 되면서 예수를 영접한 뒤 세례까지 받았지만 제대 후 사회로 나온 뒤 예전의 모습으로 돌아갔습니다. 그렇게 우리 부부는 기독교와 상관없는 삶을 살았고 결혼하고 몇 년 뒤 인천 작전동으로 왔습니다. 작전동에 있는 현대백화점에서 장사를 해 볼 요량이었습니다. 이곳에 왔을 때 큰아이는 다섯 살, 작은아이는 세 살이었는데 그 당시 저는 몸 상태가 좋지 않았습니다. 그럼에도 사는 일이 급해 남편과 장사하며 가정을 건사해 나갔습니다. 그런데 뭔지 모를 불안함과 두려움이 있었습니다. 작전동에서의 생활은 모든 것이 낯설었고 아직 어린아이들을 키우는 일도 익숙하지 않아서 마음 기댈 곳이 없었습니다.

　'너무 힘들다. 사는 게 힘들어.'

　그러다 보니 어린 시절 놀러 다니던 교회가 떠올랐습니다. 예수님은 몰랐지만, 교회에 가면 마음에 안정이 찾아올 것 같았습니다.

　"아주머니, 저 교회 나가고 싶어요. 여기 교회 어디 있어요?"

　다행히 상가에서 장사하던 한 분이 저의 다급한 신호에 응답해 주셨습니다. 그분이 소개해 준 교회가 부평제일교회였습니다.

"아기 엄마, 요 골목으로 들어가면 교회 하나 있어요. 거기 가 봐요."

1985년 겨울, 저는 그렇게 자진해서 교회로 향했습니다. 아무것도 모른 채 교회에 덜컥 가긴 갔습니다. 예배가 뭔지도 모르고 하나님이 어떤 분인지 더더욱 몰랐습니다. 그럼에도 교회 뜰에 들어섰을 때, 평안했습니다. 저의 이런 갑작스러운 변화에 남편은 어리둥절했습니다. 특히 시어머니는 신앙생활 하는 것을 좋아하지 않았습니다. 저는 아랑곳하지 않고 교회를 나갔고 수요 예배까지 열심히 참석했습니다. 예수님을 알게 되면서, 제가 기댈 분은 예수님밖에 없다는 믿음이 점점 생겼습니다. 그러다 보니 성경책을 읽고, 성경 말씀을 필사하면서 신앙의 사람이 되어갔습니다.

신앙생활을 시작했을 때, 대심방 기간이라 담임 목사님께서 우리 집을 방문하셨습니다. 당시 우리 집에는 시어머님이 받아온 부적이 곳곳에 있었습니다. 안방에도, 남편 베개 속에도, 양복 주머니에도 부적이 있었습니다. 목사님께서 "제가 가져갑니다"라고 하시고 여기저기에 붙은 부적을 모두 없애셨습니다. 그 단호함에 놀랐고 예수 믿는 분의 권위가 크다는 것을 느꼈습니다.

저는 남편에게 같이 교회를 다니자고 권유했지만, 남편은 단칼에 거절했습니다. 강경하게 나오는 남편이 안타까웠지만 언젠가 때가 올 거라 믿고 혼자서 신앙생활을 해나갔습니다.

교회를 다니고 5~6개월쯤 지난 어느 날, 남편이 예비군 동원훈련을 마치고 돌아오는 날이었습니다. 아이들을 재워두고 가게를 나가 정리를 하고 있었습니다. 그런데 자고 있을 아이들이 자꾸만 눈에 밟혀 집에 가야겠다는 생각이 들었습니다. 걸레를 내려놓고 몸을 돌리는데, 큰딸이 내복 차림으로 울면서 가게로 들어 왔습니다. 아이 모습이 이상했습니다. 얼굴은 푸석했고 약간의 풀과 풀물이 내복에 묻어 있었습니다. 불길한 생각이 들면서 가슴이 덜컥 내려앉았습니다. 아니나 다를까 아이가 아파트 3층에서 떨어졌다는 겁니다.

"뭐라고? 떨어졌다고?"

정신이 아찔해지면서 우는 아이를 둘러업고 동네 약국으로 갔습니다. 자초지종을 말하자 무지한 약국 아저씨는 애들은 "삼신할미가 받든다"라고 하며 흔한 우황청심환 하나 주지 않으셨습니다. 저 역시 아이가 잘 놀고먹으니 문제가 없겠거니 하고 며칠을 보냈습니다. 그런데 친정어머니께서 오셔서 그 이야기를 듣고는 크게 혼을 내셨습니다. 그 길로 아이를 데리고 병원으로 향했습니다. 3층에서 떨어진 지 며칠 만에 온 엄마를 어처구니없이 바라보던 의사는 아이를 이리저리 보고 검사했습니다. 다행히 아무 이상이 없었습니다. 한의원에도 갔는데 놀란 기가 보이지 않는다고 했습니다. 그 순간 "주님 감사합니다"하며 기도가 나오더군요.

큰아이를 지켜주신 예수님, 저는 그 예수를 남편에게 전하고 싶었습니다. 그래서 더 적극적으로 교회에 가자고 했지만, 거절과 핀잔만 들었고 그렇게 시간만 흘러갔습니다. 그리고 마침내 신앙생활을 한 지 2년이 지나고 남편이 송구영신 예배에 참석하기로 약속을 했습니다.

"약속 꼭 지켜야 해요. 오늘 밤 예배에요."

"알았어."

누군가를 교회로 인도하는 것이 이처럼 기쁜 일인지 미처 몰랐습니다. 저는 한 해의 마지막 날, 장사를 일찌감치 마치고 남편과 가게를 정리하고 있었습니다. 막 문을 닫고 가려는데 갑자기 상가 사람들이 들이닥쳤습니다.

"최 사장, 상가 망년회 갑시다."

왁자지껄 소리와 함께 가게로 들어온 사람들은 망년회 바람을 잡았고 남편은 넘어가고 있었습니다. 그 모습을 보면서 어찌나 속상한지 마음속으로 '주님, 도와주세요. 하나님 도와주세요' 하며 끊임없이 되뇌었습니다. 저는 집으로 돌아와 남편이 오기만을 기도하며 기다렸습니다. 다행히 11시 30분쯤 남편이 들어왔습니다. 술을 마셔서 얼굴이 벌겋게 올랐지만 그래도 예배에 참석하자며 손을 잡아끌어 교회에 갔습니다. 몇 번의 실랑이 끝에 예배에 참석할 수 있었습니다.

그 길로 남편은 교회로 옮긴 발걸음을 멈추지 않았고 지금은 장로로서 열심 있는 신앙인이 되었습니다. 남편이 교회에 나가기 시작했다는 이야기가 돌자, 말들이 많아졌습니다. "저 사람 교회 다니더니 버렸어." "저 사람, 술 안 먹어서 재미없어."라며 은근히 따돌렸습니다. 그래도 남편은 믿음을 지켰고 남편으로 인해 상가 사람들이 하나둘 예수를 영접했습니다. 나중엔 상가 사람들 대부분이 예수를 믿게 되었습니다.

하혈의 고통에서 해방되다

저에겐 남모를 고통과 질병이 있었습니다. 큰아이를 출산하고 부터 시작된 하혈입니다. 둘째를 낳고도 하혈은 계속되었습니다. 하혈은 육체적인 고통뿐만 아니라 심리적인 고통을 줍니다. 하혈이 수년째 계속되자 서울에 있는 병원부터 한의원 등 여러 병원을 전전했습니다. 하지만 시원한 해결책이 없었고 저는 호르몬제나 주사를 맞는 것으로 버텼습니다. 그런데 그런 치료는 잠깐 동안 아픔을 해소해줄 뿐 근원적인 치료는 되지 못했습니다. 결국 수술을 해보자는 이야기까지 나왔습니다. 어느 날 예배를 드리는데 마음이 답답하고 힘들어서 한숨을 쉬며 말씀을 들었습니다. 그날 이천휘 목사님께서 예수님의 공생애를 다루시면서 예수의 치유 사역을 말씀해 주셨습니다. 우리도 예수를 믿으면 병이 낫는다는 강력한 메시지였습니다. 그 말씀을 듣는데 갑자기 마음속에 강한 믿음이 생기면서 기도가 하고 싶었습니다.

'그래, 기도를 제대로 해보자.'

사실 기도를 어떻게 하는지도 잘 몰랐지만 기도하겠다고 다짐했습니다. 저는 먼저 담임 목사님을 찾아가 제 몸 상태를 말씀 드리고 기도를 부탁드렸습니다. 목사님은 당신은 교회에서, 저는 집에서 새벽기도를 드리자고 했습니다. 기도하는 방법도 모른 채 막막하게 20일 기도를 마쳤습니다.

별다른 몸의 변화가 없습니다. 저는 사모님의 조언을 받아 다시 20일 새벽기도를 작정했습니다. 그런데 어찌나 사탄의 방해가 심한지 자꾸만 이상한 생각이 들어오는 겁니다.

'그냥 수술해. 괜히 어렵게 기도한다고 힘 빼지 말고.'

저는 작정 기도 중에 몰래 을지병원에 가서 수술 날짜를 받았습니다. 그리고 난 뒤 아무래도 양심이 찔려 목사님께 전화로 사실을 알렸습니다. 목사님께서 이렇게 말씀하셨습니다.

"성도님, 무슨 소리예요. 그러시면 안 돼요. 기도하면 고쳐주십니다. 그러니 수술은 미뤄두고 기도로만 이겨내 보시자고요."

마침 그날 저녁은 형님의 제삿날이었습니다. 집안의 문화를 따라야 했기에 제사를 치른 뒤, 잠자리에 들었습니다. 그런데 꿈속에서 아주 시퍼런 고양이 한 마리가 제 치마 속으로 쑥 들어오는 겁니다. 이 꿈은 며칠 뒤에도 이어졌습니다. 그때는 큰댁 화장실 안에 잿더미가 수북이 쌓여 있고, 가마니로 만든 대문에 아주 커다란 고양이 한 마리가 반듯이 서서 눈을 부릅뜨고 저를 쳐다보고 있었습니다.

기분 나쁜 꿈을 두 번이나 꿨더니 제 심경에도 변화가 생겼습니다. 수술은 주님이 원하시는 일이 결코 아니라는 생각에, 수술을 취소하고 기도로 나가기로 다짐했습니다. 그렇게 4일 작정하고 몸을 살피는데 먹고 싶은 음식이 많아지는 겁니다. 임신이었습니다.

"축하합니다. 임신입니다. 막내 하나 더 낳으셔야겠어요."

간호사가 축하했지만 저는 하나도 기쁘지 않았습니다. 당시 저는 건강뿐 아니라 하는 일도 아주 좋지 않은 상황이었습니다. 우리 가게가 입점한 백화점이 부도가 나서 상인들이 매일 다투고 싸우고 여의도의 빌딩 주인과 만나 시위를 하고 있었습니다. 재정, 심리, 육체가 모두 좋지 않았습니다.

게다가 하혈을 고치려고 작정 기도를 드리는 중에 셋째 임신 소식을 들으니 이 상황이 너무 괴로웠습니다. 주일 예배를 마치고 사모님을 만나 제 심정을 솔직히 털어놓았습니다. 유산하고 싶다는 마음을 조심스럽게 전하자 사모님께서는 펄쩍 뛰셨습니다. 유산은 큰 죄라며 말리셨습니다.

사모님의 단호한 말씀에도 저는 결심을 바꾸지 않았습니다.

며칠 뒤 유산하러 병원을 찾았습니다. 그런데 그날따라 스케줄이 많다며 다음 날 아침에 오라고 돌려보내는 겁니다. 다음날 다른 병원을 갔는데, 그곳도 환자가 많다며 다음날 오라는 겁니다. 이상한 생각이 들었습니다. 일이 몇 번이나 틀어지는 걸 지켜보던 남편은 셋째를 낳는 것이 어떻겠냐고 말했고 그렇게 우리는 아이를 낳기로 했습니다. 그런데 하혈하는 중에 임신해서인지 몸이 너무 좋지 않았습니다. 임신 초기엔 감기를 심하게 앓아 고생했고, 입덧이 심해 사탕만 먹고 지냈습니다. 편도선, 중이염, 눈병 등 약을 먹을 수도 없는 병에 시달리며 아이를 품었습니다.

그렇게 열 달을 품고 출산일이 가까워지자 의사 선생님이 아들이라고 말해주었습니다. 저희 부부는 뛸 듯이 기뻐하며 하나님께 감사했습니다.

하나님의 은혜로 건강한 아들을 출산했고 놀라운 기적이 아들과 함께 왔습니다. 몇 년째 흐르던 피가 멈춘 겁니다. 몇 년 동안 온갖 병원에 다니고 민간요법 등 모든 수단을 이용해도 낫지 않던 병이 셋째 아이를 출산하면서 나은 것입니다.

"진짜? 하혈이 멈췄어?"

"응. 멈췄어요. 깔끔해요."

언제 그런 일이 있었냐는 듯 몸은 가뿐해졌습니다. 하나님께서는 작정 기도 가운데 태를 열어 주시고, 그토록 바라던 아들을 주시고, 출산 후 하혈을 고쳐주셨습니다. 이 은혜가 너무도 감사해 많이 울었습니다. 특히 이런 부족한 저를 위해 날마다 기도로 중보하시고 만날 때마다 좋은 말로 위로해 주신 목사님과 사모님, 성도님들께 감사했습니다. 저에게 신유의 기적을 베풀어 주신 하나님의 은혜를 체험한 뒤 우리 가족은 전적으로 믿음의 가정으로 변화되었습니다. 남편은 교회 일에 충실했고, 저 역시 예배자로 거듭나며 말씀을 가까이했습니다. 그뿐만 아니라 상가에 얽힌 복잡한 문제도 원만히 해결되어 더 좋은 자리에서 가게를 할 수 있었습니다.

세 아이의 치료자

부부가 함께 일하다 보니 아이들 셋이 지낼 때가 많았습니다. 큰아이가 아파트에서 떨어졌을 때도 다치지 않도록 지켜주신 하나님께서는 우리 집 아이들이 어려운 상황에 부닥칠 때마다 치료자가 되어 주셨습니다.

우여곡절 끝에 태어난 셋째는 큰아이보다 더 큰 사건 사고의 주인공입니다. 유난히 사건 사고가 잦았습니다. 백화점 계단에서 세발자전거를 타고 굴러 떨어져 코피 터지는 일도 다반사였습니다. 어딘가에 부딪혀 이마에 혹도 자주 달고 다녔습니다. 잠깐 다른 곳을 본 사이 순식간에 다친 아이를 안고 병원으로 달려간 날이 많았습니다. 이렇다 보니 장사고 뭐고 안 하겠다며 투정을 부리기도 했습니다. 하지만 주님이 주신 자녀인 만큼 시험을 피할 길도 주셨습니다.

셋째 아이의 손가락 절단 사건은 잊지 못할 일입니다. 아들은 유난히 장난감을 좋아했습니다. 어릴 때부터 장사하는 곳을 따라다니며 주변 상인들과도 친하게 지냈습니다. 그날도 아이는 길 건너편 장난감 가게에 혼자 가서 외상으로 장난감을 사서 건너오다가 빠르게 달려오는 오토바이와 정면으로 충돌했습니다. 남편이 그 장면을 목격했고, 그 길로 병원으로 옮겼습니다. 아이는 손가락이 절단되어 피로 엉겨 붙어 있었습니다.

"사고가 좀 심하게 난 것 같습니다. 손가락이 절단되었으니 손가락의 한마디를 자르고 배의 살을 이식해야 합니다."

그 말에 완전히 이성을 잃은 저는 담임 목사님께 이 사실을 알렸고 목사님께서는 한걸음에 달려와 기도하시고는 이렇게 말씀하셨습니다.

"무슨 소리예요? 절단하고 이식하려면 서울 큰 병원으로 가서 다시 알아봅시다. 손가락이 봉합될 수도 있어요. 교회 차 내어 드릴 테니 이 차로 움직이세요."

그길로 우리 가족은 서울의 병원으로 올라갔고, 다행히 그곳 의사가 보더니 절단 이식이 아니라 봉합하면 되겠다고 말했습니다. 뼈는 안 다치고 뼈끝에 새살이 돋아나 봉합할 수 있다는 말에 다시금 주님께 감사했습니다.

셋째가 낯선 아저씨를 따라가는 바람에 온 집안이 발칵 뒤집힌 적도 있습니다. 다행히 누나가 아이를 발견해 무사히 데려올 수 있었습니다. 언젠가는 50원짜리 팽이를 사 오다가 횡단보도에 서 있는데 개인택시가 미처 아이를 발견하지 못하여 충돌하기도 했습니다. 하늘로 붕 떴다가 떨어진 아이는 다시 차에 치였지만 무사했습니다. 이렇듯 셋째는 가슴이 덜컥 내려앉을 일이 많았습니다. 그때마다 주님께서 치유의 손길로 아이를 만져 주셔서 지금껏 탈 없이 자라게 하셨습니다. 그 아이를 볼 때면 '여호와 라파' 되시는 하나님이 떠오릅니다.

두려움에서의 해방

하혈을 고침 받고 저는 본격적으로 생업 전선에 뛰어들었습니다. 아이를 돌보며 일하다 보니 신경 쓸 일이 많았습니다. 그래선지 언제부턴가 어지럼증에 시달렸습니다. 혈액 순환도 잘 되지 않았습니다. 아무리 병원에 다녀도 병명을 몰랐습니다. 특히 밤이 되면 심장이 두근거렸고 어지럼증에 어쩔 줄 몰라 했습니다. 이 어려움을 알고 계신 담임 목사님은 늘 저를 위로해 주시고 기도해 주셨습니다. 몸이 아파지자 더욱 목사님을 의지했습니다.

"목사님, 접니다. 제가 지금 너무 힘들어요. 기도해 주세요."

한밤중이고 새벽이고 고통이 밀려올 때면 목사님께 전화를 걸어 기도를 부탁했습니다. 남편은 이런 제 모습이 안타깝고 담임목사님께도 죄송해 어쩔 줄 몰라 했습니다.

"집사님, 마음을 편히 하세요. 주님은 치료하시는 분이십니다. 나을 것을 믿고 기도하면 당연히 응답은 옵니다."

한동안 목사님께 전화로 기도를 받았습니다. 저 역시 어지럼증을 치료받기 위해 믿음으로 기도하며 나아갔습니다. 영적인 싸움도 있었고 꿈을 통해 사탄의 공격도 받았지만, 그동안 은혜를 베풀어주신 하나님을 신뢰하며 이겨나갔습니다.

부평제일교회를 나오면서 시작했던 성경 읽기를 계속하며 하나님의 마음을 알기 원했습니다. 길을 가다가도 기도하고, 음식을 만들다가도 기도했습니다. 주님이 우리 가족에게 주신 은혜를 떠올리며 감사했습니다. 그러다 보니 어느새 어지럼증이 차츰 사라졌습니다. 별의별 검사를 해도 낫지 않던 증상이 사라진 겁니다. 살아계셔서 역사하시는 주님을 체험하며 저는 평생 순종하며 살겠다고 고백했습니다. 이런 신앙의 고백을 지켜오면서 우리 부부는 순종해 남편은 장로, 저는 권사가 되었습니다.

남다른 체험을 주셨던 자녀들에게도 주님의 축복이 이어졌습니다. 셋째 아이는 체험적 신앙 안에서 자라선지 믿음이 잘 자랐습니다. 대학에서 공부할 때도, 군 복무를 할 때도, 사회생활을 할 때도 주님의 인도하심 가운데 지낼 수 있었습니다.

두 딸 역시 신앙 안에서 바르게 자라, 주일학교 교사로 봉사했습니다. 세상에선 교사로 일하다가 지금은 둘 다 목사 사모가 되었습니다. 큰사위는 캐나다 밴쿠버에서, 둘째사위는 감리교단 목사로 사역하고 있습니다.

믿지 않던 가정을 은혜로 구원해 주시고, 새로 가족이 된 목회자 사위까지 온 집안을 믿는 가정으로 이끌어주신 하나님의 은혜가 참으로 큽니다. 무엇보다 하나님은 병든 몸을 치료해주시고 기도에 응답해 주신다는 사실을 직·간접적으로 체험하게 하셔서 증인 되게 하셨습니다.

부평제일교회는 제 믿음을 자라게 한 곳입니다. 그러니 저희 부부가 더욱더 충성된 일꾼으로 헌신할 수밖에 없습니다. 생각해 보면 하나님께서 제게 주신 가장 큰 은혜는 변화였습니다. 물론 직접적인 체험만큼 믿음을 강하게 하는 것도 없을 겁니다. 하지만 이런 일련의 과정을 겪으면서 제가 더욱 하나님을 단단히 붙잡고 가게 되었습니다. 그리고 하나님을 신뢰하는 마음이 약해지지 않았다는 것, 그것이 가장 큰 변화요, 도전이었습니다.

저를 알던 사람들이 저를 보면 놀라면서 이런 말을 합니다.

"진숙이가 교회 다닐 정도면 교회가 특별하긴 한가 보다. 쟤가 저렇게 변했으니 교회가 좋긴 한 가봐."

그만큼 과거의 저는 뽀족하고 날카로웠습니다. 이런 저를 주님은 둥글게 만드셨고 긍정적인 사람으로 바꾸어 놓으셨습니다. 길거리에 지폐 한 장이 떨어져 있으면 '저 지폐를 집는 사람도 예수를 믿게 해 주세요'라고 기도합니다. 은혜가 없었다면 이런 모습이 가능했을까요? 남편 역시 세상 문화를 좋아했지만, 예수를 구주로 영접한 뒤 충성된 일꾼으로 변화되었습니다. 특히 남편 집안은 신앙인이 거의 없어 제사를 지내야 하는 어려움이 있었습니다. 그러나 장로가 된 후 저와 남편이 장조카에게 복음을 전하면서 조카가 변화되었고 예수를 영접하게 되었습니다. 그러면서 제사를 없애고 추도식으로 바뀌게 되었습니다.

이렇듯 하나님께서는 저로 시작한 구원의 역사를 가족 전체, 나아가 가문으로 이어가셨습니다. 때로 육신의 연약함을 도구로 사용하시며 치유의 역사를 보여주셨습니다. 그 역사하심은 신앙의 귀한 자양분이 되었습니다. 돌아보면 저희 가정을 향한 주님의 축복이 너무도 컸습니다. 아무것도 없던 가정을 일궈주시고, 하늘의 귀한 직분을 받은 가정으로 세우신 하나님의 조건 없는 사랑에 감사드립니다. 앞으로 그 은혜를 더 많은 분들에게 전하고 나누며 살고 싶습니다. 이것이 천국 가기 전까지 우리 가족에게 맡겨진 사명이라 믿습니다.

모세가 제단을 쌓고 그 이름을 여호와 닛시라 하고

이르되 여호와께서 맹세하시기를

여호와가 아말렉과 더불어 대대로 싸우리라 하셨다 하였더라

출애굽기 17:15~16

여호와 샬롬

하나님은
평화이시다

15

그가 내 안에
내가 그 안에

전경희 권사

부평제일교회 교인 중에 교회와 가장 가깝게 사는 교인은 저일 것입니다. 저는 이 교회가 개척되었을 때, 바로 교회 뒤쪽 빌라에서 살았습니다. 말 그대로 엎어지면 코 닿을 거리였습니다. 그 가까운 거리에서도 버티고 버티며 예수를 거부하다가 결국 두 손 들고 예수 앞에 나온 사람이 바로 저입니다. 지금은 "교회와 가장 가까운 곳에 사는 교인"이란 말을 기분 좋게 들으며 살고 있습니다. 그리고 이 말이 곧 예수님과 가깝게 사는 자녀라는 말로 이어지기를 바라고 있습니다.

불신자로 보낸 30년

"얘, 이사를 왔으니 굿해야 한다."

제 나이 서른한 살, 큰딸이 두 돌 지날 무렵에 작전동으로 이사했습니다. 시어머니께서는 이사했으니 굿을 하면 어떻겠냐고 하셨습니다. 저희 가정이 특별한 종교가 있는 건 아니었지만 굿까지 해서 무슨 복을 받을까 의심이 들었습니다.

"어머니, 안 할래요. 저 그런 거 안 믿어요."

서울 용산구 쪽에서 신접살림을 시작했지만, 가정 상황이 어려워지면서 인천 작전동으로 이사했습니다. 40년 전 작전동은 개발이 안 된 낙후된 곳이었습니다. 가뜩이나 심경이 복잡한 가운데 이사를 왔고 시댁 어른이 굿을 운운하니 편치 않았습니다. 그런데 집 가까이 교회가 있는 것도 영 마땅치 않았습니다.

"어머, 여기 교회가 있네."

당시 부평제일교회는 개척한 지 얼마 되지 않았습니다. 이천휘 목사님께서는 무척 젊으셨고 교인도 얼마 되지 않았지만 패기가 넘치셨습니다. 주일이면 마루에 모여 예배를 드렸는데 그 예배 소리며 종을 치는 소리 등이 모두 제 신경을 거슬렀습니다.

"아주머니, 예수님 믿으세요."

"아뇨! 저한테 그런 말 마세요."

오다가다 목사님이나 장로님이 저에게 전도하면 쌀쌀맞게 대하며 온몸으로 싫어하는 티를 냈습니다.

저는 기독교를 아예 모르는 사람이 아니었습니다. 저희 친정 부모님은 이북 출신으로 생활력이 강하시고 교육열도 대단하셨습니다. 그 덕에 첫딸인 제가 많은 혜택을 받았습니다. 어머니께서는 함지를 이고 다니며 장사해서 번 돈으로 다섯 형제를 가르칠 정도로 억척스러우셨습니다. 그래서 어려운 살림에서도 고등학교 교육을 받을 수 있었습니다. 당시 제가 진학한 학교는 용산에 있는 신광여고로 감리교단에서 지은 역사가 오래된 미션 스쿨이었습니다.

어린 시절에 교회를 보긴 했지만, 전혀 내 삶과는 상관이 없었습니다. 미션 스쿨에 가서야 기독교를 알게 되고 예배를 드렸습니다. 여고 시절, 친구들과 학교에서 공부하고 꿈을 키우면서 일주일에 한 번씩 드린 채플과 학교 프로그램은 시대를 앞서갔습니다. 학교 축제는 지금도 기억에 남습니다. 어린 마음에도 미션 스쿨이 좋다고 생각했습니다. 그러나 예수님을 영접하지 못했고 졸업과 함께 사회에 나오면서 교회와 멀어졌습니다.

그러다가 10년이 지난 뒤 교회와 딱 붙어살게 되니 이건 또 무슨 일인가 싶었습니다. 제가 살던 빌라에 교인기 사는 것도 불편했습니다. 하필이면 세 사람이나 교인이었습니다. 목사님이나 장로님과 만나는 것도 어색한데, 같은 빌라에 사는 교인들을 만나면 더욱 그랬습니다.

“아기 엄마, 집도 가까운 데 교회 한번 나가보지 그래.”

“아니요. 전 안 나갈 거예요.”

“그러지 말고. 나랑 가봅시다. 예수님 믿으면 복 받아요.”

“됐어요.”

숱하게 거절했습니다. 나중에 예수를 영접한 뒤, 장로님에게
재미있는 이야기를 들었습니다. 장로님께서는 하도 제가 강성인
지라 당신이 이기나 내가 이기나 한번 해보자는 심정으로 우리
가정을 놓고 기도하셨다고 합니다. 그만큼 저는 거둬야 할 열매
였습니다. 저의 구원을 위해 기도했으니 얼마나 감사한지 모릅
니다.

얼마쯤 교회를 불신하고 핍박하며 지났을까? 제 마음이 조금
씩 변하기 시작했습니다. 남편 일이 너무 안되는 겁니다. 인품이
괜찮은 사람인데 웬일인지 직장과 연이 잘 닿지 않았습니다. 인
내심이 없는지 직장을 자주 옮겼습니다. 당연히 살림은 어렵고
불안했습니다. 왜 이렇게 안 될까, 답답한 마음에 별의별 생각을
다했습니다. 굿을 안 해서 그런가, 교회를 안 다녀서 그런가. 그
런데 웬일인지 미션 스쿨을 다니던 여고 시절이 떠오르면서 예수
를 믿어야겠다는 생각이 들었습니다. 새벽마다 울리는 교회 종소
리가 듣기 싫었는데 이제는 그 새벽 교회 종소리가 저를 부르는
소리 같았습니다.

마침 부평제일교회에 부흥회가 열렸습니다. 당시 구본흥 부흥

사가 초대되어 오셨습니다. 부흥 강사로 무척 유명하신 분입니다. 저는 그분이 어떤 분인지도 모르고 부흥회에 참석했다가 그만 말씀에 푹 빠졌습니다.

며칠 동안 저는 부흥 집회에 계속 참석했습니다. 한번은 딸아이를 데리고 참석했습니다. 그때 아이의 다리가 부어있었습니다. 아이가 혹시 어디가 아픈가 근심했는데 부흥 강사님께서 신유 기도를 해주시자 마음이 놓였습니다.

그리고 그날 밤 잠자리에 들었을 때 주님께서 꿈으로 응답을 주셨습니다. 꿈속에서 저는 다리가 퉁퉁 부은 딸아이를 데리고 집회에 참석했습니다. 잠시 뒤 구본홍 목사님께서 제 딸아이에게 다가오시더니 퉁퉁 부은 다리를 만지며 기도해 주셨습니다.

다음날 잠에서 깨어나 너무도 생생했던 꿈을 떠올렸습니다. 그런데 딸아이가 총총 걸어오는데 퉁퉁 부은 다리가 싹 가라앉은 겁니다. 순간 뭔지 모를 감정이 북받치면서 '아, 정말 예수님이 살아계시는구나. 예수를 믿어야겠다'는 확신이 들었습니다.

그리고 그날 저는 예수를 믿겠다고 가족에게 선포했습니다. 온갖 미신과 샤머니즘에 사로잡혀 있던 시어머니는 그 말에 예상 외의 반응을 보이셨습니다.

"네 좋아하는 걸 해야지."

그렇게 저는 예수를 믿게 되었습니다.

믿음으로 채워진 삶

예수를 구주로 영접한 후, 주님은 저의 믿음을 계속 단련시키셨습니다. 말씀으로 은혜를 받았지만, 그 은혜가 날마다 채워져야 함을 알리시려는지, 초신자 때 강한 저를 깨뜨리기 위해 꿈으로도 깨닫게 하셨습니다.

기도하는 방법도 잘 모르던 때, 그저 회개 기도를 기쁘게 받으신다는 말씀에 회개 기도를 자주 드렸습니다. 한번은 꿈에서 불 가운데 있는 저를 보았습니다. 그 불이 지옥불이라는 것을 느낌으로 알 정도로 뜨거운 불이었습니다. 그런데 기도하는 저를 향해 한 손이 들어오더니 어디론가 쑥 올리는 것입니다. 천국이었습니다. 아주 환한 빛이 비치면서 그 어느 때보다 편안했습니다. 그것으로 끝이 아니었습니다. 다시 어떤 힘으로 벌판에 뚝 떨어졌습니다. 뜨거운 지옥은 아니었지만, 천국이 아닌 벌판 한가운데 있는 게 싫었습니다. 그러다가 잠이 깼습니다.

잠에서 깬 뒤 생각했습니다. 예수를 믿고 구주라고 시인함으로 구원을 받으면, 죄 가운데 살다가 천국에 가지만, 그 구원이 지속되기 위해 부단히 믿음의 경주를 해야 한다는 것을. 그렇게 하지 않으면 이도 저도 아닌 벌판에 놓인 신앙이 된다고 말입니다. 예전의 저였다면 전혀 이해하지 못했을 것입니다. 지혜를 부어주셔서 깨닫게 하신 하나님의 은혜가 감사했습니다.

상황을 바라보는 관점도 바뀌었습니다. 과거 저는 제 뜻대로, 제 자존심을 세워 주지 못하는 가정에 불만이 가득 찼었습니다. 그러나 예수라는 안식처로 평안해졌습니다. 부족함을 풍성함으로 바꿔주시는 복이 함께 왔다면 좋았을 겁니다. 하지만 주님께서는 넉넉함 대신, 부족하지 않을 정도로만 재정을 채워주셨습니다. 예전엔 그것에 만족하지 못했지만, 이제는 그 안에서 주님의 은혜를 느낄 수 있게 되었습니다. 아마도 제 강한 성격을 아시는 주님께서 기도하지 않고 한눈팔까 그러셨던 것 같습니다. 예수를 믿게 된 뒤 저희 가정에 주신 은혜를 꼽으라면 자녀들이 신앙 안에서 잘 자라고 체험이 있는 신앙인이 되었다는 것입니다. 꿈을 통해 치료를 경험했던 큰딸은 어린 나이였지만 자신이 하나님의 자녀인 것을 알았습니다. 그래선지 엄마를 좇아 교회를 잘 다녔고 주일학교 예배에서 찬양의 은혜를 받았습니다. 큰딸은 어느 날 제게 오더니 성악을 하겠다고 했습니다. 가정 형편이 어려워 예술 교육은 엄두가 나지 않아 고민이 되었습니다. 레슨비가 한두 푼이 아니기에 뒷바라지를 할 자신이 없었습니다. 주님께 나아가 부르짖었습니다. 담임 목사님께 이런 사정을 말씀드리며 의논했습니다. 목사님께서는 한 치의 망설임도 없이 말씀하셨습니다.

"집사님, 자식이 공부하고 싶다는데 우거지 장사라도 해서 시켜야지요. 그 딸이 누굽니까? 하나님께서 함께하시는 딸 아닙니까. 어떻게든 하나님이 키워주십니다."

그 말씀이 가슴에 와닿았습니다. 그렇게 힘겹게 성악 공부를 시키게 되었습니다.

큰딸이 중학교 2학년 때 교회 수련회를 갔다 오더니 변했습니다. 아이에게 물었더니 놀라운 고백을 했습니다. 수련회에서 기도하다가 성령을 받았다는 것입니다. 성령이 뜨겁게 임하면서 자기도 모르는 언어로 방언이 튀어나왔고, 그 방언이 어떤 의미인지까지 알게 되었다는 겁니다. 그 얘기를 들었을 때 긴가민가 했습니다. 그러다 얼마 뒤 함께 참석한 새벽기도회에서 딸의 방언을 듣고 그제야 은혜 받은 것을 알았습니다.

'아, 방언의 은사를 받았구나. 우리 애를 주님이 쓰시겠구나.'

하나님이 심어놓은 아이라는 확신이 들면서 뿌듯했습니다. 하나님께서 우리 가정에 주시는 특별한 선물이었기에 더 이상의 의심이나 불만 없이 믿음으로 나아갈 수 있었습니다.

그래선지 신앙생활을 하면서 무엇을 요구하는 기도를 많이 하지 않은 것 같습니다. 주님께서는 우리가 필요한 것을 미리 아시고 계획대로 채워주시고 준비해 주셨기 때문입니다. 다만 주님의 계획에 저의 생각이나 계획이 걸림돌이 되지 않기를 기도할 뿐입니다.

예수의 심장을 닮다

저는 큰딸로서 친정 부모님 유전자를 많이 받았습니다. 좋은 유전자만 물려받으면 좋았겠지만 그렇지 못한 부분도 있습니다. 친정 부모님께서 지병이 있으셨는데 심장 계통이 약하고 당뇨도 있으셨습니다. 저도 젊은 시절부터 심장에 문제가 있고 당뇨도 있었습니다. 특히 심장은 생명과 직결되다 보니 20년 전부터 약을 먹었습니다. 갑자기 가슴을 쥐어짜는 고통을 느낄 때면 금방이라도 어떻게 될 것 같았습니다.

저는 연약한 건강을 위해 기도를 많이 했습니다. 속장으로 봉사하면서 속도원들과 이 기도를 나누며 기도했는데, 함께 기도해 주는 사람이 더 많으면 좋겠다는 생각을 했습니다. 그 기도의 동역자가 남편이면 얼마나 좋을까, 아쉬웠습니다. 남편은 제가 신앙 생활 하는 것을 크게 반대하지 않았지만, 자신이 교회에 나가는 것은 거부했습니다. 그렇게 수십 년을 버티고 있어 어느 때는 밉고 또 어느 때는 아직 구원의 때를 얻지 못한 것에 측은하기도 합니다. 그런데도 제가 심장으로 힘들어하면 남편은 기도하라고 격려해 주었습니다. 그런 남편을 보면서 그저 주님의 때를 기다릴 뿐입니다.

어쨌든 제 심장은 늘 걱정거리였습니다. 우리 교회 영성 훈련인 뉴라이프에 참여했을 때입니다. 첫날부터 심장의 두근거림이 좀 과하다 싶고 컨디션이 좋지 않았습니다. 다음날이 되니 심장을 쥐어짜는 것 같았습니다. 어지럼증이 동반되면서 쓰러질 것 같아 그 이후 참석하지 못한 적도 있습니다.

분식집, 공장 등에서 일하면서도 심장은 늘 말썽이었습니다. 그때마다 약을 먹으며 버티고 버티다가 결국 2015년 최후의 수단으로 수술을 하게 되었습니다. 60대 후반이라 주위에서 걱정을 많이 했습니다. 당사자인 저는 더욱 걱정되었습니다. 아무리 담대하려고 해도 나이가 있고, 신체 기관에서 가장 중요한 심장을 수술하니 두렵고 떨렸습니다.

목사님과 교회 식구들께서 한마음으로 저를 위해 기도해 주셨습니다. 제가 살아온 길을 누구보다 잘 아는 분들이기에 간절히 기도해 주셨고, 그 기도는 제게 큰 위로가 되었습니다.

심장 수술 날, 병실에 누워 저는 기도했습니다. 우리 그리스도인은 예수의 심장을 안고 사는 사람들이니 연약한 심장 대신 예수의 심장이 뛰게 해 달라고, 제 생명을 주님께 맡긴다고 기도를 드렸습니다. 고맙게도 병원 원목실의 목사님도 와주셔서 기도해 주셨습니다. 그런데 수술이 결정되었을 때 느꼈던 두려움이 어느새 사라지면서 말할 수 없는 평안함이 밀려왔습니다.

"전경희 환자님, 너무 걱정하지 마세요. 수술 잘 될 겁니다."

"네, 저도 그렇게 생각합니다. 주님이 계시는 데요, 뭘."

오히려 수술실 간호사들이 더 염려하며 저를 위로했습니다.

그렇게 잠들 듯 수술이 진행됐고 얼마 뒤 깨어났습니다. 수술은 성공적이었고 회복도 빨랐습니다. 그런데 심장 수술 후, 몸에서 이상 신호를 보내왔습니다. 그동안 꾹꾹 눌러왔던 기관들이 여기 저기서 고장 신호를 보냈습니다. 머리가 너무 아팠습니다. 혹시 치아가 좋치 않아 두통이 있는 것은 아닌지 치과를 찾아갔습니다. 치과에서는 관련이 없다며 신경외과로 보냈습니다. 신경외과 약을 먹었지만 아무런 차도가 없었습니다. 어지럼증 때문에 계단에서 굴러 깁스까지 했습니다. 두통의 원인을 찾다가 이비인후과에서 염증을 발견했습니다. 그런데 그 염증을 제거하려면 또 수술해야 했습니다. 전신마취를 해야 하는 수술을 또 견딜 수 있을지 걱정했습니다.

의료진에서 자신 없어 하니 저도 두려웠습니다. 하지만 이내 마음을 다잡았습니다. 지금까지 제가 만난 하나님은 진실한 분이셨습니다. 그런데 하나님을 믿으면서 왜 그분의 능력을 의심할까. 사는 것도 죽는 것도 하나님의 뜻이라는 믿음을 다시 붙잡고 담대하게 수술을 받았습니다. 다행히 전신마취에서 잘 깨어났고 염증은 말끔히 치료되었습니다.

두 번의 수술과 회복을 통해 저는 주님이 아주 가깝게 계시고 제 심장에서 뛰고 계신다는 사실을 느낄 수 있었습니다. 물론 두 번의 수술로 체력은 바닥이 났습니다. 그러다 보니 삶에서도 신앙에서도 자신감이 많이 하락했습니다. 딸에게 게 심정을 전하자

딸이 이렇게 말했습니다.

"엄마, 건강한 사람 보면 부러운 게 당연하죠. 그렇지만 위만 올려다보면 한도 끝도 없어요. 밑을 내려다보세요. 엄마의 도움이 필요한 곳이 훨씬 많아요."

그 말에 큰 위로를 받고 그날부터 저는 건강하지 못한 몸이지만 주님이 쓰시기를 기도하고 있습니다.

자녀를 축복의 통로로

부평제일교회에서 신앙생활을 시작할 때부터 저는 이 교회가 저의 처음이자 마지막 교회가 될 거로 생각했습니다. 교회에 충성하는 것이 하나님에 대한 충성을 앞설 수는 없겠지요. 하지만 하나님의 살아계심과 사랑하심을 교회를 통해 알게 되었고 이 교회를 통해 믿음의 사람들, 목사님을 만나 믿음이 성장했으니 교회에 충성하는 건 당연합니다.

저는 강경하게 제 손을 이끌고 교회에 데리고 와주신 권사님께 감사합니다. 지금 그분은 천국에 가셨지만 늘 감사하는 마음이 있습니다. 생활이 어려워 공장에 다닐 때 그곳에서 만난 동료이자 집사님도 있습니다. 집사님께서는 주일에 휴일 근무가 잡혀서 일할 때면 2~3시간씩 늦게 오셨습니다. 평소와 다르게 곱게 화장을 하고 단정한 옷을 차려입고 오셨습니다. 주일예배를 다녀온다는 것이었습니다.

하나님 만나러 가는 데 가장 좋은 옷을 입고 가장 괜찮은 모습으로 가는 게 당연하다고 말씀하셨습니다. 그분을 통해 저는 마음을 다하는 자세를 배웠습니다. 그리고 그 태움은 신앙의 길잡이가 되었습니다. 저도 그분들과 같은 신앙의 선배가 되고자 합니다.

하나님께서는 비록 풍족하진 않지만 지금 살 집을 주셨습니다. 젊은 날 직장 때문에 방황하던 남편은 지금 안정적인 직장을 다니고 있습니다. 무엇보다 자녀들이 신앙 안에서 잘 성장했습니다. 자녀들은 성도들에게 본이 되게 하셨습니다. 사람의 생각으로, 주어진 조건으로는 가능한 일이 아니었습니다. 하지만 하나님께서는 그때그때 길을 열어 주셨습니다. 큰딸은 성악에 대한 끈을 놓지 않아 협성대학교 음악과에 편입해 공부했고, 유럽 연수를 다녀온 뒤 우리 교회에서 선교사로 파송을 받아 음악 선교사로 사역하고 있습니다. 현대 방글라데시에 있는 대학교에서 클래식을 가르치고 있습니다. 음악으로 찬양으로 복음을 증거 하는 평신도 선교사의 사명이 결코 쉽지 않지만, 그 길을 기도하며 걸어가고 있는 딸이 대견합니다.

아들 역시 신앙 안에서 잘 자랐습니다. 대학 졸업 후 중소기업에 다니다가 대기업에 스카우트 되어 직장생활을 하고 있습니다.

같은 교회에서 성장한 자매와 결혼해 교인들의 축복을 받는 가정이 되었습니다. 아들 가정에 기도 제목이 있었습니다. 아이가 생기지 않아 오랜 시간 기도했습니다. 그러나 저는 이 일에 연연하지 않고 부담을 주지 않고 다만 중보할 뿐이었습니다. 주님이 그 가정에 자녀를 허락하신다면 감사하겠지만 그리 아니하실지라도 감사하는 마음으로 기도했습니다.

그러던 어느 날 아들로부터 시험관 아이를 해보고 싶다는 연락이 왔습니다. 그 말을 듣고 기도했습니다. 하나님의 방법은 사람을 통해서, 환경을 통해, 또 다른 도구를 사용해서도 가능한 것이니까요. 아들 내외는 어렵고 힘들다는 시험관 시술을 한 번에 성공했습니다. 여러 차례 해도 실패하는 시술을 한 번에 가능케 하신 것입니다. 지금은 6년 만에 얻은 아이를 잘 키우며 누구보다 부모를 공경하며 신앙생활을 하고 있습니다. 중고등학교 시절 예배 시간 한 번 어기지 않고 누가 보든 안 보든 기도하며 자란 응답이라고 생각합니다.

하나님께서는 자녀를 우리 가정의 축복의 통로로 사용하셨습니다. 비록 저는 풍족하지도 건강하지도 못했지만, 주님은 자녀를 통해 은혜를 주셨습니다.

다만, 지금도 남편의 구원을 위해 하나님께 간구합니다. 아직까지 남편은 교회 뜰만 밟고 있습니다. 너무 오랜 기다림에 주님께 투정을 부릴 때도 있습니다. 하지만 교회 새벽 종소리도 거슬려 하던 저를 이렇게 돌려놓으셨던 것처럼 언젠가 남편도 하나님의 자녀로 삼으실 거라 믿습니다. 이미 그 일은 시작되고 있습니다. 그 믿음을 안고 부평제일교회에서의 또 다른 40년을 향해 기도하며 나가고 싶습니다.

16

이제는 눈으로
주를 뵈옵나이다

이철휘 목사

부평제일교회의 창립 40주년을 맞아 준비하게 된 간증집에 목회자로서 동참하게 된 것을 영광스럽게 생각합니다. 사실 이 책에 실린 간증은 우리 교회 성도들의 이야기이기에 부목사로서 교회를 섬기는 제가 간증하는 게 맞는가 싶어 주저하기도 했습니다. 하지만 하나님께 받은 은혜는 목사건 성도건 차이가 없기에 감사하는 마음으로 참여하게 되었습니다. 목회자로 세워지고 20여 년이 흐른 지금, 돌아보면 한마디로 하나님께서는 부족한 저를 당신의 종으로 사용하시기 위해 매 순간 다듬어가셨습니다. 그만큼 '나의 나 된 것'은 하나님의 은혜였습니다. 부족함 많고

실수투성이에 덜 영글었던 저를 선교사로 쓰신 하나님의 특별한
임재에 대해 함께 나누고 싶습니다.

죽음 앞에서

"지금으로선 상황을 낙관할 수 없습니다. 아마 절단해야 할지
도 모르겠습니다."

의사의 말 앞에, 우리 가족은 무너져 내렸습니다. 침상에 누워
의식불명 상태였던 저는 그 참담한 순간을 몰랐습니다. 나중에
가족에게 그 이야기를 들었을 때, 가슴이 무척 아팠습니다. 1995
년 8월 저는 그렇게 죽음의 문, 절망의 문 앞에 있었습니다.

사고를 당한 곳은 태국 파타야(Pattaya)입니다 저는 서울신학대
학교를 졸업한 후 감리교신학대학 안에 있는 세계선교대학원 과
정을 다니면서 선교사로의 소명을 발견했습니다. 나름 뜨거웠던
열정으로 '어디로든 좋사오니' 주님이 보내신 곳으로 복음을 전
하러 가겠다고 기도했습니다. 그리고 아프리카의 베냉(Benin)으로
선교지가 정해졌습니다. 그런데 형님 되시는 이천휘 목사님께서
다른 제안을 해오셨습니다. 당시 형님께서는 인도차이나 선교회
의 총무로 베냉보다는 인도차이나 선교를 권하셨던 겁니다. 그리

고 인도차이나 반도의 여러 나라 중 베트남을 사역지로 선정했습니다.

베트남은 사회주의 국가로 종교의 자유가 거의 없는 곳이라 잘할 수 있을까 고민했지만 이렇게 계획을 바꾸시는 것도 주님의 뜻이란 생각에 따르기로 했습니다.

1995년 6월, 저는 네 식구와 함께 베트남 호찌민(HoChiMinh-city)으로 떠났습니다. 당시 큰아이가 만 두 돌을 넘겼고 작은아이는 백일 남짓 지났습니다. 어린 두 아이를 데리고 선교지를 향하니 저절로 기도가 나왔습니다. 많이 부족했던 저 자신이 너무 선명하게 보였기 때문입니다. 남달리 신학에 열정이 있었던 것도 아니고, 오래전부터 소명을 받아 기도해온 사람도 아닌데 뒤늦게 소명을 받은 내가 선교를 할 수 있을까 자신이 없었던 것도 같습니다.

두렵고 떨리는 마음으로 베트남에 도착했습니다. 그리고 제일 먼저 비자를 만드는 일에 열중했습니다. 목사 신분을 숨겨야 했던 저는 당시 모교회인 부평제일교회 한 장로님께서 베트남에서 사업체를 경영하고 계셨기에 비즈니스 비자를 발급받기로 했습니다. 그런데 일이 잘되지 않았습니다. 그래서 부랴부랴 학생 비자를 만들려 했는데 그 일조차 여의치 않았습니다. 할 수 없이 새로운 비자를 받기 위해 태국으로 가서 비자 받는 일을 도모하기로 했습니다.

다행히 태국 파타야에서 처형이 사업체를 운영해 그곳에서 숙식을 해결하며 비자를 만들어 베트남으로 들어갈 계획을 짰습니다. 사회주의 국가에서 선교한다는 것이 쉬운 일이 아니라는 것을 알게 되었습니다.

그렇게 파타야로 넘어가 열흘쯤 지난 후 저녁 식사를 마치고 처형의 남편인, 형님과 함께 집으로 돌아오던 중 사고가 났습니다. 저와 형님은 조금 거리를 두고 걷고 있었는데, 조금 앞서서 걷던 제 곁으로 부웅 엔진소리가 나더니 오토바이가 저를 덮쳤습니다. 오토바이에 덮쳐 땅바닥에 철퍼덕 쓰러졌고 그 뒤로 제 의식은 끊겼습니다.

머리와 얼굴, 다리 발목이 거의 으스러진 채 저는 인근 병원으로 옮겨졌습니다. 머리를 심하게 다치고 안면함몰이 있었습니다. 발목도 많이 상했습니다. 병원에서는 우선 가장 급한 발목 접합 수술부터 했습니다.

저는 그때까지도 의식이 없었습니다. 아내와 다른 가족들은 타지에서 일어난 이 뺑소니 교통사고에 크게 당황했습니다. 다행히 제 양복 안주머니에서 태국 선교사님들의 연락처를 찾아 연락을 했답니다. 태국 병원 의료진들과 의사소통을 하려면 현지어가 필수였는데, 다행히 태국 방콕에 계시던 오 선교사님께서 전화를 받고 한걸음에 달려와 주셨습니다. 그 이후 의료시설과 실력이 괜찮다는 병원으로 옮겼고 선교사님의 통역과 도움으로 병원 의료진과 소통해 나갈 수 있었습니다.

문제는 오른쪽 발목 접합 수술 이후입니다. 교통사고 소식이 모교회는 물론이고 저를 파송한 선교회, 후원 교회에 알려졌습니다. 각처에서 중보기도가 시작되었습니다. 형님 목사님께서 긴급히 태국으로 오셨는데, 수술 부위에 염증이 났습니다. 누가 보아도 상태가 심각했지만, 의료진은 태연했습니다.

"수술이 잘 된 것 맞습니까?"

"YES, YES!"

"문제가 있는 것 같은데요. 수술 부위를 보세요."

"No problem."

의료진은 무조건 잘됐다고, 문제없다고 하는데 수술 부위에선 자꾸만 고름이 나오는 등 예후가 좋지 않았습니다. 이에 가족들은 긴급하게 의논해 저를 한국으로 호송하기로 결정을 내렸습니다.

문제는 제가 의식이 없었다는 것입니다. 무의식 상태에서는 비행기를 탈 수 없기에 온 가족이 눈물로 기도했습니다. 그러자 놀라운 일이 벌어졌습니다. 저는 기억이 나지 않는데 사람들 눈에는 의식을 찾은 것 같은 신기한 일이 벌어진 겁니다. 의료진이 물어보면 대답을 하고, 가족들의 말에도 수긍했다고 합니다. 하나님께서 저를 한국으로 옮기기 위해 가의식을 회복시켜 주신 것입니다. 이 일을 생각하면 지금도 그 은혜가 어찌나 큰지 감사할 따름입니다.

어쨌든 태국 의사와 동승하여 한국까지 호송된 저는 바로 서울 신촌 세브란스병원으로 옮겨졌습니다. 긴급 후송된 제 상태를 본 의료진은 고개를 저었다고 합니다.

"지금 수술 부위가 잘못되고 있습니다. 발목 아래로 절단하셔야 합니다. 안 그러면 점점 위험해집니다. 그런데 지금은 병원 베드가 찼습니다. 기다리시던지 다른 곳으로 가십시오."

어렵게 한국까지 왔지만 돌아오는 대답은 절망이었습니다. 가족과 교회 성도들 모두 눈물바다가 되어 기도했습니다. 아직 선교 사역을 시작하지도 못한 선교사에게 일어난 이 사건이 너무 안타까웠을 것입니다. 하지만 절망의 끝자락에서 붙들 것은 하나님의 옷자락밖에 없다는 사실에 울며 기도했습니다.

가족들은 더욱 간절히 기도했습니다. 하나님의 뜻이 어디에 있는지, 우리를 불쌍히 여겨달라는 기도를 하던 중 하나님께서는 가족에게 두 가지 믿음을 주셨습니다. 병원을 옮기는 것과 절단 수술을 하지 않고 믿음으로 이겨내자는 것이었습니다.

부랴부랴 다시 찾아간 병원은 서울 한남동에 있는 순천향대학교 병원이었습니다. 그곳 의사 역시 절단 이야기를 비치었지만 형님을 비롯한 가족은 담대히 선포했습니다.

"저희는 모두 믿는 가정입니다. 또 목사입니다. 하나님께서 고쳐주신다는 믿음을 가지고 기다려보겠습니다. 그로 인해 더 많이 발목을 절단하더라도 원망하지 않겠습니다."

담대한 선포에 의료진은 놀랐습니다. 그리고 믿음의 기도가 시작되었습니다. 그즈음 저는 의식을 조금씩 회복하고 있었고 상황이 어떻게 되어 가는지 알았지만 어떠한 판단도 내릴 수 없었습니다. 정서가 불안정한 것은 물론이고 판단력이 상실되었는지, 말도 어눌해졌고 정상 범위에서 크게 벗어나 있었습니다. 저를 보는 이들은 안타깝고 답답했을 것입니다.

그런데 이게 웬일입니까. 수술 부위의 고름이 멈추기 시작한 것입니다. 피와 고름이 차올라서 아프고 고통스러웠던 것도 차츰 가라앉았습니다. 병원에선 기적이라고 했습니다. 절단해야 마땅했을 발목이 서서히 회복되니 말입니다. 마침내 수술 부위가 조금씩 아물면서 다시 발목 수술을 받게 되었습니다. 수술과 후유증의 여파로 발목 연골이 15%밖에 남지 않았기에 핀을 박아 수술했고 기적처럼 회복되었습니다. 다시 서고 걸을 수 있게 되었습니다.

뇌 치료 역시 수술이 아닌 약물치료를 선택하면서 조금은 더디지만 서서히 회복시켜 주셨습니다. 어눌했던 발음이 어느 순간 또렷해지고 어린애와 같던 정서도 나아졌으며 인지 판단 능력도 완전히 회복되었습니다. 목사로서 다시 설교할 수 있을까 걱정했던 우려가 싹 사라지는 순간이었습니다.

"이철휘 환자님, 정말 하나님께서 고쳐주셨나 봅니다. 의사 생활 하면서 이런 경우는 처음 봅니다."

담당 의사도 이렇게 고백할 정도로, 저는 기적의 주인공이 되었습니다. 몸이 회복되고 인지능력이 돌아오는 것을 느끼는 과정은 정말 은혜였습니다. 아무것도 할 수 없는 저를 앉을 수 있게, 설 수 있게, 걸을 수 있게 해 주신 주님의 능력을 체험하면서 과연 하나님의 놀라우신 역사와 능력이 무한하시다는 것을 느꼈습니다. 그리고 하나님 앞에서 저는 아무것도 아닌 존재임을 알게 되었습니다.

병상에 있으면서 저는 철저히 회개했습니다. 생각해보니 하나님께서는 저보다 먼저 저의 길을 가셔서 인도하셨던 것입니다. 철저히 하나님만 붙들고 의지하는 종으로 만드시려고 죽음의 목전까지 가게 하시며 하나님의 권능을 체험하게 하시고 그 힘을 전적으로 의지하게 하신 것입니다. 그 은혜가 얼마나 크고 깊은지 저는 병상에서 깨졌습니다. 날마다 나는 아구것도 아니며, 예전엔 알고만 있던 주님을 이제는 눈으로 보게 된 것입니다.

다시 사역지로

저는 지체 장애 5급 판정을 받았습니다. 하지만 저는 이미 다른 사람이 되었습니다. 저는 다시 하나님께 사역지로 보내달라고 기도했습니다. 주변에서 당연히 걱정하는 마음이 컸지만 저는 이미 하나님께 건짐을 받은 사람이었으니 하나님을 위해 사는 게 맞다고 생각했습니다.

'주여 저를 보내주옵소서.'

결국 1996년 6월, 우리 가족은 다시 베트남으로 갔습니다. 비자 문제가 불거질까봐 걱정했는데 하나님께서는 사람을 예비하셨습니다. 공항에서 입국 심사를 하는 분을 집주인으로 만나게 하신 겁니다. 그분과 저는 좋은 관계를 맺어 사역지에 있는 동안 비자 문제를 해결해 주었습니다. 베트남은 사회주의 국가이기 때문에 외국인 선교사들이 들어오는 과정이 상당히 까다롭습니다. 사역에도 여러 제한이 있습니다. 공식적인 루트는 두 가지로 국가에서 공인된 교회에서 협력 목회를 하거나, NGO 단체를 통해 사회복지 사업을 하는 것입니다. 물론 지하교회나 가정교회에서 몰래 사역하기도 하지만 공식적인 루트는 아니었습니다.

저 역시 이런 상황 속에서 기도할 수밖에 없었습니다. 하나님께서 원하시는 방향이 어떤 쪽인지, 저를 어떻게 사용하실지 묻고 또 물었습니다. 이에 하나님께서는 직접 복음을 증거하는 쪽으로 저를 인도하셨습니다.

저는 베트남 푸토호아(Phu Tho Hoa) 교회를 섬기게 되었습니다. 그 교회의 협력 선교사로서 여러 가지 지원 사역에 열정을 쏟았습니다. 그러던 중 구찌라는 동네에서 오는 성도들이 있다는 것을 알게 되었습니다. 구찌는 말하자면 깡촌입니다. 워낙 시골이다 보니 오는 길도 힘들도 재정적으로도 열악하다는 것을 알게 되면서 그들의 교통비를 지원하는 일을 시작했습니다.

지원 사역을 하다 보니 그분들을 위한 기도가 더 간절해졌습니다. 그들을 위해 제가 할 수 있는 일이 없을까 기도하던 중 하나님께서 마음의 소원을 품게 하셨습니다. 그분들이 마을에 땅 천 평을 매입해 놓은 것을 알고 '교회를 세우자'는 생각이 든 것입니다. 물론 베트남 사회에서 공인된 교회어서만 포교 활동을 할 수 있으니 교회를 세우는 일은 불가능했습니다. 그래서 성도들에게 가정집 모양을 갖춘 교회를 짓자고 제안을 했습니다. 그들 입장에선 형태가 어떻든 상관없이 예배를 드릴 공간이면 되었기에, 이 프로젝트를 진행해 나가기로 했습니다.

가정집 교회를 지으면서 난관도 많았습니다. 먼저 한국에서 선교를 후원해주는 선교회와 교회를 설득해야 했습니다. 또한 같은 필드에 있는 이들로부터 들려오는 이런저런 소리에 반응하는 것이었습니다. 물론 좋은 이야기일 리 없었습니다. 그럼에도 저는 복음이 더 많이 전해지도록 하는 것이 선교의 사명이라는 대전제에 반응하기로 다짐하며 기도하며 나아갔습니다. 다행히 저를 파송한 인도차이나 선교회에서도 이 프로젝트를 호응해 주셨습니다. 또한 어느 집사님이 2만 불을 후원해 주시면서 가정집을 지을 수 있었습니다.

그 가정집이 벤즈억(Ben Duoc) 가정 교회입니다. 이 교회는 십자가도, 교회 간판도 없었습니다. 일반 가정집처럼 보여야 했기 때문입니다. 하지만 누구보다 하나님을 사랑하고 구원의 확신을 얻은 그리스도인들이 모이는 공간이었습니다. 이 가정 교회를 봉헌한 뒤 현지인 사역자를 세우고 저는 뒤로 물러나서 서포터 역할만 했습니다. 일 년에 두 차례 교회를 방문하여 교회 자녀들에게 장학금을 전달하고, 행사가 있을 땐 선물을 잔뜩 사 들고 찾아가 축제 분위기를 더해주었습니다. 이 일이 얼마나 기뻤는지 모릅니다.

물론 성치 않은 다리가 때때로 걸림돌이 되기도 했습니다. 발목의 인대가 15%만 남아 있기에 발목 관절은 늘 불편했습니다. 조금만 무리해서 걸으면 며칠을 앓을 정도로 힘들었지만 그때마다 감사했습니다. 이렇게라도 걷게 해 주신 주님의 은혜가 사무치게 컸기 때문입니다. 신기하게도 그때마다 주님께서는 일어설 힘을 주셨고 걸어갈 의지를 허락하셨습니다. 특히 시간이 지날수록 서서히 아주 조금씩 나아지게 해주셨습니다. 기적은 이렇게 서서히 다가오기도 합니다.

무엇보다 감사한 일이 있습니다. 이 가정집을 베트남 정부에서 정식 교회로 인준해 주었다는 것입니다. 말하자면 지하교회가 정식 교회로 인준받은 셈입니다. 베트남 현지 사역 중에 이런 일은 벤즈억교회가 최초입니다. 이 일은 현지 사역자들에게 큰 도전이 되었습니다. 사회주의 국가에서 현지 사역자가 할 수 있는 일의 범위를 넓혔고, 무엇보다 가정집을 지어 교회로 인준을 받았다는 시범 사례가 된 것입니다. 어쨌든 지금 벤즈억교회는 교회 간판과 십자가를 당당히 세워 놓고 구찌 지역에 귀한 교회로 거듭나고 있습니다.

새로운 사명

새롭게 얻은 생명을 안고 찾아간 베트남에서의 6년 7개월은 순간순간 하나님께서 인도하신 시간이었습니다. 불가능할 것 같은 첫걸음을 떼게 하신 것부터, 어려울 것 같은 비자 문제도 해결하셨고, 무모하게 보일 수도 있을 교회를 짓는 일도 가능케 하셨습니다. 베트남이란 사회에서 직접 복음을 증거할 수 있는 현지인 사역자들을 만나서 많은 프로젝트를 진행할 수 있었고 미국 감리교회(UMC)에서 파송 받은 욷(Ut Van To) 목사님을 만나 대학 설립도 도모할 수 있었습니다. 아쉽게도 그 일은 후임 선교사님께 맡기고 저는 한국으로 오게 되었습니다.

한국으로 돌아오면서 저는 기도했습니다. 7년 가까운 시간을 베트남 사역지에서 보내게 하시며 저의 열정을 시험하셨던 하나님께서 이제 어떤 일을 하기 원하시는지 묻고 또 물었습니다.

하나님께서는 저를 모교회로 인도하셨습니다. 부목사로서 목양할 수 있는 자리로 옮기게 하신 이유가 분명히 있을 거로 생각하며 행복하게 부평제일교회 성도들을 섬기며 목회하고 있습니다. 지금도 잊을 수 없는 것은 저를 맞아준 따뜻한 성도님들입니다. 모교회 성도님뿐만 아니라 선교 후원을 해주셨던 협력 교회에서 만난 성도님들께서도 한국에 돌아온 저를 누구보다 반가워해 주셨습니다. 이렇게 살아있는 것만으로도 얼마나 기쁜지 모르겠다며 기도로 중보하셨던 이야기를 들려주셨습니다. 여든도 넘으신 한 성도님께서는 추운 겨울날, 집회를 마치고 나온 제 손을 잡곤 "목사님이 살아계신 것만 봐도 하나님이 살아계신다는 걸 알겠습니다"라며 눈물을 글썽이셨습니다. 그리곤 꼬깃꼬깃 쌈짓돈을 꺼내 따끈한 순댓국을 대접해 주셨습니다. 얼굴도 성함도 모르는 분들이 타지에서 사경을 헤매는 선교사를 위해 기도해주셨다는 사실에 저도 울고 성도님들도 울었습니다. 그 은혜를 잊을 수 없어 누구보다 더 감사한 마음으로 목회했던 것 같습니다.

그러면서 한 가지 다짐한 것이 있습니다. 하나님께서 어렵게 필드를 경험하게 하셨고, 체험 있는 신앙생활을 하게 하셨으니 제가 만나는 성도들에게 선교 의식을 고취하고 보내는 선교사로서 역할을 하자는 것입니다. 그래서 2009년 부평제일교회 청년교회 사역을 할 때는 청년들에게 선교 훈련을 시키고 단기 선교를 준비했습니다. 그리고 20명의 청년을 데리고 태국 선교를 떠났습니다. 사고가 났을 때 저를 도와주셨던 오 선교사님의 사역을 위해 건축 헌금을 하고, 하나님의 기적을 체험했던 사고 현장도 돌아보며 뜻깊은 시간을 보내고 돌아왔습니다.

지금도 저는 하나님께서 주신 사명을 감당하기 위해 기도합니다. 어느 성도님께서 저를 보고 "목사님 얼굴을 보는 것만으로도 감사가 나온다"고 말씀하셨습니다. 제가 하나님의 은혜를 보여주는 통로가 되었다는 사실이 얼마나 감사한지 모릅니다. 그래서 저를 은혜가 전달되는 귀한 통로로 마음껏 써갈라고 기도합니다. 그 통로를 통해 흘러간 하나님의 은혜로 선교사가 세워지고, 복음이 증거되길 기도합니다.

저는 없어지고 하나님만 남는 삶을 꿈꾸며 하나님께 모든 영광을 돌립니다.

17

평안의 매는
줄로

김윤화 권사

저는 서산 산골에서 삼 남매 중 셋째로 태어나 어린 시절을 보냈습니다. 부모님께서는 제 바로 위의 독자인 오빠를 유난히 사랑하셨습니다. 그러다 보니 저는 오빠만 편애한다는 마음에 소외감이 컸습니다. 부모님께서는 온통 아들에게 관심을 두셔서 상대적으로 저는 늘 존재감이 없었고 열등감을 느끼고 예민한 시절을 보냈습니다. 오빠가 서산 시내에 있는 고등학교를 진학하면서 저는 중학교 졸업으로 학업을 마쳐야 했습니다. 억울했습니다. 결국 부모님을 졸라 고등학교에 입학했고 부모님을 힘들게 하면서 고등학교를 졸업했습니다. 지금 생각하면 부모님을 속상하게 한 것이 아쉽고 죄송할 뿐입니다.

결혼생활을 통해 체험한 주님

결혼생활을 해서도 저의 예민함은 여전했습니다. 예민함은 주위 사람들을 힘들게 했습니다. 그러다가 딸아이가 태어나면서 생활은 더욱 바빠졌고 개인적으로도 힘든 상황이 계속되었습니다. 아이가 9개월쯤 되어 아장아장 걷기 시작하면서 밖으로 나가는 시간이 많아졌습니다. 그동안 저는 누구와도 관계를 맺지 않고 조용히 남편만 내조하며 살았는데 아이가 커가자 조금씩 바뀌게 되었습니다.

어느 날, 같은 아파트에 사는 사람이 아기를 업고 있는 저에게 말을 걸어왔습니다.

"아휴~ 솔개가 채가지 않게 잘 지켜 봐야겠어요."

저는 마음이 불편했습니다. 아이가 예쁘다는 표현을 그렇게 하는 주민과 어색한 인사를 주고받았습니다. 그러나 그것을 계기로 지금까지 35년간 이웃이 되었습니다. 그분이 저를 교회로 인도했기 때문입니다. 전도를 받고 나니 학창시절이 떠올랐습니다. 저는 미션 스쿨인 중학교에 다녔기에 일주에 한 시간씩 성경 공부를 했습니다. 그때 연세 지긋하신 할아버지 전도사님께서 오셔서 성경을 가르치셨는데 천사 같으신 분이었습니다. 예배 시간이 싫어서 그 시간이 되면 도시락을 꺼내 들고 산으로 도망가기도 했습니다. 그러나 전도사님께서는 도망간 아이들을 눈치채지도 못하시고 웃고만 다니셨습니다. 그게 너무 재밌어서 산으로 숨느라 성경 공부를 제대로 하지 못했고 예수님이 누구신지도 몰랐습니다.

어릴 때부터 교회는 '연애당'이란 말을 듣고 자랐습니다. 어른들 말씀이 교회는 얌전하지 못한 처녀총각들이 연애하는 곳이라고 했습니다. 그 말을 곧이곧대로 믿은 것이지요.

그런 저에게 그분께서는 교회 다니냐며 물으시더니 같이 가자고 손을 이끌었습니다. 저와 말을 트게 된 그분 덕에 제 운명도 바뀌었습니다. 어찌나 적극적으로 사랑과 관심을 가지고 다가오는지 부담스러웠습니다. 시끄럽다는 생각도 들고 전도 받는 게 불편해서 마주치지 않으려 집밖에 잘 나가지 않기도 했습니다.

그러나 살림이 서툰 관계로 연탄불을 꺼트려 번개탄을 사러 가다가 딱 마주치기도 했습니다. 연탄불이 꺼졌다는 말에 그분은 금세 달려와 불씨를 살려주셨습니다. 그리곤 또다시 복음을 전하셨고, 저는 그렇게 교회에 나가게 되었습니다.

처음 교회를 다닐 때는 교단도 몰랐습니다. 처음 나간 곳이 고신 측이라 주일이면 무조건 쉬었고 예배에 철저했습니다. 저는 그 철저함이 부담스럽거나 어렵지 않았습니다. 구분된 삶을 사는 것이 제 성격과 맞았습니다. 월요일마다 목사님께서 성경 공부를 해주셨는데 즐거웠습니다.

그렇게 교회에 적응할 즈음, 어느 주일 아침 예배를 마치고 목사님께서 저를 부르셨습니다. 성가대석으로 저를 안내하더니 지휘자님께 성가대에 설 수 있도록 부탁하셨습니다. 그 인연으로 저는 지금까지 성가대 자리를 지키고 있습니다. 얼마 뒤에는 주일학교 교사도 맡았습니다. 저를 교회로 인도하신 집사님을 그동안 애타게 해드린 것이 미안해 더 열심히 배으고 봉사했습니다.

사실 교사가 꿈이었던 저였기에 주일학교 봉사는 감사한 일이었습니다. 전도도 열심히 했습니다. 초등학교 하교 시간에 맞춰 제 아이를 데리고 전도하러 학교 앞으로 갔습니다. 그때 열심히 함께 전도했던 교사분들과는 지금까지 연락하며 지내고 있습니다.

전도 열매도 많이 맺었습니다. 전교인이 50명도 안 되는 교회에 주일학교 어린이가 200명이 넘었습니다. 여름성경학교는 그야말로 대잔치였습니다. 주일학교 교사로서 예배하고 교회에서 마음껏 아이들과 뛰놀다 보니 그간 내 안어 있던 열등감이 해소되었습니다. 기쁘게 봉사하면서 신앙도 점점 깊어졌습니다.

성령 체험도 했습니다. 한번은 부흥 성회가 있었습니다. 시간마다 은혜를 받던 중 강사 목사님 사모님께 기도를 받았습니다. 사모님께서는 기도의 은사가 있는 분이셨습니다. 부흥 성회 마지막 날, 사모님께서 제게 안수해주시는 데 갑자기 몸이 뜨거워지면서 알지 못하는 말이 터져 나왔습니다. 깜짝 놀랐습니다. 두려워 말고 계속 기도하라는 음성이 들렸지만 좀 겁이 났습니다. 성령 체험을 경험하며 방언을 받았다는 것을 깨달았습니다.

어쨌든 결혼 생활과 함께 시작한 신앙생활을 통해 하나님의 존재를 확실히 믿게 되었고 신앙도 어느 정도 영글게 되었습니다. 시어머니께도 그분의 간증을 듣게 되었습니다. 시어머니의 영적 체험은 제게 신앙의 자극이 되었습니다.

저희 시부모님께서는 원산도에 사셨습니다. 시어머니께서는 믿음이 깊으신 분이셨다고 합니다. 그러나 믿음이 깊어지시기 전 아픔이 있으셨습니다. 남편이 유년 시절 때 시어머니는 당신의 시어머니와 하나뿐인 시동생을 잃었습니다. 그러던 어느 날부터 시어머니는 아프기 시작했습니다. 이 약 저 약 다 써보았지만 낫지 않으셨습니다. 조현병이었습니다.

시아버지께서는 시어머니 병을 고치기 위해 섬에 교회를 세우시고 전도사님을 모셔서 예배를 드렸지만 낫지 않았습니다. 그즈음 대천의 한 교회에서 순복음교회 조용기 목사님께서 부흥 집회를 한다는 소식이 들렸습니다. 그 소식에 시아버지께서 동네 청년들에게 시어머니를 부흥회에 모시고 가라고 부탁했습니다. 어머니의 힘이 엄청나게 세서 청년들이 어머니를 붙잡고 배에 태워서 집회에 참석하게 되었습니다. 신유 기도 시간에 조 목사님께서 어머니를 보시더니 엄청나게 크게 호통을 치시며 귀신에게 당장 나가라고 명하셨다고 합니다.

그때 어머니는 슬피 울면서 한탄하셨다고 합니다. "갈 수 없다. 더 잡아먹을 사람이 있다." 넋두리하며 애석하게 울다가 기절하셨다고 합니다. 목사님의 기도를 받은 후 그 길로 시어머니의 병이 나았습니다. 나중에 시어머니께서는 이 이야기를 하시면서 조용기 목사님께서 큰 검을 차고 계시는 환상을 보았다고 전해주셨습니다.

그날 시어머니는 완쾌되셨고 서울로 이사해 집 안방에서부터 예배를 드리고 교회(서울 자양동 선희교회)까지 세우셨습니다.

믿음 좋은 시어머니의 간증을 들었을 때 가슴이 울컥했습니다. 저는 믿음의 시어머니를 생각하며 늦게 시작한 신앙생활의 고삐를 쥐게 되었습니다.

사람에 연연했던 교회 생활

얼마쯤 시간이 흘러 저희 가정은 새 아파트를 분양받았습니다. 출석하던 교회와 멀어지다 보니 교회 가는 것이 힘들어졌습니다. 연안부두에서 부평은 아주 멀었습니다. 교통편도 없어 출석하기가 힘들어져서 어쩔 수 없이 교회를 옮겼습니다. 교인이 7천여 명 되는 큰 교회였습니다. 워낙 고신 교단의 교회에서 신앙

훈련을 탄탄히 받아 적응이 어렵지 않았습니다. 그런데 아이들이 문제가 되었습니다. 제가 느끼기에 주일학교 아이들은 큰일이 난 상태였습니다. 옷도 단정하지 않고 슬리퍼를 신고 오고, 과자를 사 먹고 쮸쮸바도 먹으며 교회에 나온다는 것입니다.

고신에서 신앙생활을 시작한 저로서는 이런 모습이 도통 이해가 되지 않았습니다. 어떻게 주일에 사 먹을 수 있을까? 예배 시간에 먹는 걸 물고 있다니? 상상도 못 할 일이었습니다. 원래 교회로 돌아가야하나 고민했습니다. 하지만 이 교회로 보내신 데에는 하나님의 뜻이 있다고 생각하고 열심히 봉사했습니다.

이때 제게 친구가 생겼습니다. 교회가 크다보니 일꾼도 많이 필요했기에 자연스럽게 헌신하며 봉사했습니다. 그러다 믿음의 친구를 알게 되었습니다. 한 살 위였는데 생각이 잘 맞았습니다. 내가 약한 것은 그 친구가 보완해 주고, 그 친구에게 부족한 것은 내가 챙겨주며 열심히 봉사했습니다. 얼마나 열심히 했는지 고 3 딸을 챙겨주지 못해 미안할 정도였습니다.

어느 날 친구에게서 전화가 왔습니다. 소화가 안 된 지 닷새째 인데 동네병원에 갔다 와도 낫지 않는다며 걱정했습니다. 체한 것 같은 느낌이 가시질 않는다고 전했습니다. 큰 병원으로 가보자고 했더니, 혼자 갔다 와서 연락을 주겠다고 했습니다.

친구는 전화를 걸어 자신이 '췌장암'이란 것을 처음으로 털어놓았습니다. 청천벽력이었습니다. 믿기지 않아 서울 큰 병원으로 가보자고 소리를 질렀습니다. 오히려 친구가 저를 위로해 주었습니다. 친구는 췌장암 진단을 받았으나 수술할 상황이 아니라고 했습니다. 살날이 얼마 남지 않았다는 것을 의미했습니다. 친구는 최선을 다해 치료를 받았고 저는 기다렸으나 별 차도가 없었습니다.

결국 친구는 강원도에 있는 요양원으로 갔습니다. 친구를 면회하러 요양원 입구에 들어서는데 갑자기 머리가 쭈뼛 서더니 솟구치는 느낌이 났습니다. 온몸에 소름이 돋더니 털썩 주저앉았습니다. 무슨 정신으로 차를 주차했는지 모를 정도였습니다. 천 근 만 근 무거운 걸음을 떼어 병실을 올라가는데 순간 '아… 이 친구를 잃겠구나' 하는 생각이 들었습니다.

그날 친구 눈을 제대로 맞추지 못하고 기도만 했습니다. 가족이 있는 곳으로 친구를 보내야겠다는 생각이 들었습니다. 그리고 친구 가족과 상의해 집과 멀지 않은 병원으로 친구를 옮겼습니다. 친구는 그 병원에서 가족을 보며 지내다가 며칠 후, 아주 편안한 모습으로 하늘나라에 갔습니다.

그런데 친구가 떠난 뒤, 제게 어려움이 다가왔습니다. 친구에게 전할 말을 제대로 하지 못했다는 아쉬움이 오더니 교회 생활에 힘이 빠졌습니다. 남은 자들이 냉정하게 느껴지고 외롭고 우울했습니다. 모든 것이 부질없다는 생각이 들었습니다. 그 후 2년 동안 주일예배만 드렸습니다. 가기 싫은 날은 가지 않았습니

다. 한두 번 그랬을 때는 마음이 찔렸지만, 횟수가 늘자 마음의
부담도 덜해졌습니다. 그때쯤 친구와 했던 운동을 다시 하면서
어떤 분을 알게 되었습니다. 인상이 워낙 좋으셨습니다. 그분이
교회를 다닌다는 것을 알자 그분이 다니는 교회가 궁금했습니다.
그렇게 그분의 소개로 부평제일교회를 알게 되셨습니다. 그제야
오가며 교회 백합어린이집 간판을 본 것이 생각났습니다. 그렇게
부평제일교회에 발을 들여놓게 되었습니다.

요동을 평안으로 바꿔놓으신 하나님

부평제일교회는 영적으로 충만했습니다. 이 교회에 다녀야겠
다고 생각했지만, 얼마간은 등록하지 않았습니다. 교회는 예전
에 다니던 교회보다 훨씬 작았지만, 가족적인 분위기가 좋았습니
다. 새벽기도까지 했습니다. 새벽기도를 하는 것이 참으로 평안
했습니다. 오랜만에 찾아온 평안이었습니다. 그러면서 그동안 제
자신이 하나님이 아닌, 사람을 얼마나 의지하며 지냈는지 깨닫
게 되었습니다. 그동안 제 믿음은 사람을 의지하는 믿음, 사람에
게 인정받고자 하는 믿음이었습니다. 그러자 저도 모르게 마음에
서 우러나오는 회개 기도를 하게 되었습니다. 그렇게 저는 서서
히 녹아졌습니다.

부평제일교회에서 저는 자유한 믿음 생활로 바뀌었습니다. 마음이 단단해지고 단순해졌습니다. 포용력도 생겼습니다. 저 자신을 있는 그대로 괜찮게 바라보라는 말씀에 위안을 받았습니다. 주님도 저를 그렇게 바라보시겠다고 생각하니 마음이 한결 편해졌습니다.

새벽기도는 제 삶을 변화시켜주는 귀한 시간입니다. 새벽기도를 통해 제가 받은 잊지 못할 축복을 나누고 싶습니다. 공무원으로 37년을 근무 중인 남편은 어느새 정년을 앞두고 있습니다. 정직함과 강직함이 둘째라면 서러울 정도의 모범 공무원입니다. 누구에게도 아쉬운 소리 한 번 못하는 성품으로 답답하기도 한 사람입니다. 그래선지 지금까지 여러 번 진급 기회가 있었지만 말로 표현할 수 없는 일들로 그 기회를 놓쳤습니다. 그런데 정년 일년을 앞두고 진급 기회가 온 겁니다.

승진이 안 되는 이유를 너무 잘 아는 저는 기도 제목에 남편의 진급을 넣지 않았습니다. 사회라는 곳이 공명정대하지 않은 곳이라 생각했기 때문입니다. 남편 역시 기대하지 말라고 했습니다. 그런데 이번에 저는 달랐습니다. 용기가 났습니다.

'기도하면 되지! 하나님께서 하시면 안 될 일이 어딨어?'

갑자기 진급에 소망이 생기면서 기도했습니다. 부끄러운 일 없이 성실하고 깨끗하게 그것을 인정받을 때가 올 거라 믿었습니다.

그런데 이상하게 새벽예배에 나가 기도하면, 남편 승진이 아닌, 하나님께서 공명정대한 기준을 세워주셔서 사람의 마음을 움직여 주시고 간섭해 달라고 기도했습니다. 그렇게 두 달 정도 지났을 때, 마음 가운데 평안을 주시며 웃음을 주셨습니다. 승진이 안 될 이유가 없다는 마음도 들었습니다. 마음의 평안을 얻고 감사기도로 마무리하고 돌아왔는데 남편이 드라마 같은 이야기를 했습니다. 진급 순위 4순위로 올라갔기에 남편의 진급은 이번에도 어려운 상황이었습니다. 그런데 심사 과정에서 세 명의 후보자가 탈락하면서 4위였던 남편이 진급 대상이 되었다는 것입니다. 마침내 하나님의 공의가 발휘되면서 새해 이틀 전에 진급한다는 최종 소식을 듣게 되었습니다.

감사기도를 드리는데 마음 가운데 '하나님의 빛을 갚아야 한다'는 생각이 떠나지 않았습니다. '어떻게 갚아야 하나요?' 주님께 여쭙는데 그때 마침 새벽기도 차량을 운행하는 총각 전도사님이 보였습니다. 추운 날에도 열심히 사역을 돕는 모습을 보니 따뜻한 마음을 전하고 싶어졌습니다. 조금이나마 돕고 싶은 마음을 담임 목사님께 말씀드리자 흔쾌히 그렇게 하라고 말씀하셨고 도움을 심을 수 있었습니다. 하나님의 뜻이 우리 부부를 통하여 이루어지게 하심을 감사드립니다. 결국 하나님께서는 환경과 사람의 마음을 움직여 우리 기도를 들어주시고 지금도 우리 가운데 함께하십니다. 그분은 공의의 하나님이십니다.

새벽 예배는 저에게는 하나님과 소통하며 교제하는 시간입니다. 그 시간이 참 귀합니다. 하나님께서는 또 하나의 은혜를 허락하셨습니다. 어느 날 새벽 예배 후 담임 목사님께서 단 위에 엎드려 기도하시는 옷자락을 보았습니다. 그 모습을 보니 울컥해졌습니다. 눈물이 날 것 같아 얼른 돌아왔는데, 목사님을 위하여 기도를 드리지 못했다는 생각에 마음이 무거웠습니다. 다음날 새벽, 목사님을 위해 기도하는데, 설교를 마치신 목사님께서 그러시는 겁니다. 이렇게 추운 날에도 새벽을 깨워 기도회에 나오는 성도들을 위해 찰진 기도를 하게 된다고. 교회에 임원도 많으신데 과연 나를 위해 기도할까? 잠시라도 의심했던 저 자신을 회개했습니다.

기도는 은혜입니다. 우리 기도를 들으시는 하나님께서는 그분의 뜻에 맞게 기도하며 순종하는 진정한 회개를 통해서만 응답해주신다는 깨달음을 주셨습니다. 또 마음의 요동침에서 자유로움으로 인도해주셨습니다. 또 예수님의 자녀가 되었다는 확신과 예수님 때문에 만족한 삶을 살게 해주셨습니다. 지금 저는 그 어느 때보다 평안한 신앙생활을 위해 기도합니다. 또한 처음 제게 주셨던 전도의 열정이 회복되기를 기도합니다. 끝까지 함께하실 주님께 영광을 돌립니다.

18

샬롬, 변함없는 믿음으로,
한결같은 은혜로

홍범선 장로

제 믿음 생활을 돌아볼 때, 특별하다고 표현하기는 힘듭니다. 어떻게 보면 무색무취한 믿음 생활에 가까울 것입니다. 그래서 간증에 주저했습니다. 그렇다고 불순종할 수 없어 나서게 되었습니다. 조금은 담담하고 덤덤할 수 있으나 교회에서 하는 일에 순종하는 마음 하나로 나선만큼 이러한 담백한 신앙생활도 간증이 될 수 있기를 기도합니다.

시골 소녀의 신앙 성장기

저는 형제가 많은 집안의 막내딸로 태어났습니다. 8남매 중 막내였기에 부모님은 연세가 많으셨습니다. 그 까닭에 부모님은 물론 언니 오빠들의 사랑을 듬뿍 받으며 자랐습니다. 모태 신앙으로 어릴 때부터 교회를 다닌 저는 신앙의 터를 이끄셨던 할머니의 충성된 신앙을 듣고 자랐습니다. 할머니는 교회 종탑을 세우실 정도로 믿음 있는 분이셨습니다. 할아버지는 초대 읍장을 지내며 마을에서 인정받는 분이었다고 합니다.

반면 아버지는 달랐습니다. 사업을 하시는 아버지는 세상 문화를 즐기셨습니다. 어머니는 전형적인 한국 사회의 어머니로 조용히 남편을 섬기고 자녀를 키웠습니다. 어머니는 할머니의 신앙 생활을 좇아 순종하셨습니다.

어린 시절의 교회를 생각하면 추억이 여럿 있습니다. 특히 부흥회에 대한 기억이 또렷합니다. 저는 구세군 교회를 다녔습니다. 시골이라 아무래도 부흥회를 자주 열지 못하다 보니 그런 집회를 기다렸습니다. 뜨거운 성령을 체험하고 싶었습니다. 이런 갈증 끝에 부흥회가 열리면, 말씀을 열망했으며, 뜨겁고 오랫동안 기도했습니다. 찬송가 257장(통 187장) '마음에 가득한 의심을 깨치고 지극히 화평한 맘으로~ 속죄함 속죄함'을 많이 불렀습니다. '부흥회'를 생각하면 그 찬송이 바로 연상되니, 그 찬양으로 은혜를 경험했던 것 같습니다.

결혼과 사업, 하나님의 도우심

고등학생이 되자 환경의 변화가 있었습니다. 식구가 많아 늘 집이 북적였는데 결혼과 직장 문제로 하나둘 형제들이 집을 떠나고 가세도 기울었습니다. 저 역시 사춘기를 겪으면서 신앙의 슬럼프가 찾아왔습니다. 형제들은 각자 제 길로 갔고 부모님과 언니, 저만 고향에 남게 되었습니다. 그때 저는 얼른 졸업하여 언니 오빠들이 있는 서울로 가는 것이 꿈이었습니다. 그 때문인지 고등학교 시절, 신앙에 집중하지 못했습니다. 지금껏 살아오면서 가장 후회하는 일입니다.

고등학교를 졸업한 뒤 서울로 올라온 언니와 함께 살면서 직장 생활을 시작했습니다. 낯선 서울 생활에 적응하면서 신앙생활도 회복하려 노력했습니다. 시골에서 살 때와 달리 서울에 와서는 교회를 선택해야 했는데, 교단보다는 신앙 코드가 맞는 것을 더 고려했습니다. 교회 분위기와 설교 말씀이 나의 신앙의 색깔과 맞는지를 보았습니다. 처음엔 언니와 상도동에서 생활하면서 근처 교회를 다녔고 나중에는 송파 쪽으로 옮겨 교회를 섬겼습니다.

직장생활을 수년간 이어가면서 기도 제목이 생겼습니다. 결혼을 위한 기도였습니다. 목사님 혹은 신앙의 선배들께서 결혼에 대해 일찍부터 기도해야 한다는 말씀을 자주 해서 그 영향도 있었을 것입니다. 또한 현모양처가 되고 싶다는 생각도 했기 때문입니다. 저희 친정어머니께서는 전형적인 시골 촌부로 조용히 가정을 건사하고 남편을 섬기며 사셨습니다. 그 모습을 보면서 어머니를 존경했고 나도 어머니처럼 살고 싶었습니다.

그러던 어느 날, 교회 집사님이 저를 부르셨습니다.

"범선 자매, 내가 누구 좀 소개해 주고 싶어요. 괜찮은 신랑감이 있어요. 한번 만나게 해 주고 싶은데 어때요?"

교회 집사님은 남편감으로 너무 괜찮은 사람이라며, 저와 잘 맞을 것 같다면서 소개를 주선하셨습니다. 저를 좋게 생각하셨나 봅니다. 결혼 기도를 하고 있던 터라 소개 자리에 나갔고 지금의 남편을 만났습니다. 인격도 좋고 생각도 잘 통하는 것 같았습니다. 다만 그가 종갓집의 맏아들이며 불교 집안이란 사실이 걸렸습니다.

'주님, 어쩌죠? 사람은 마음에 드는데 환경이 좀 힘들겠는데요.'

그때까지 저는 믿지 않는 사람과 결혼하는 일은 상상도 해 본 적이 없었습니다. 그런데 하나님께서는 이 점에 대해 침묵하시는 듯 했습니다. 교제한 지 3개월이 지나 본격적으로 결혼 이야기가 나오면서 이 문제는 현실로 다가왔습니다. 남편이야 저를 따라 신앙 생활을 한다 해도 시댁 집안의 가풍이며 어르신들의 종교와의 충돌은 어찌할지 답이 나오지 않았습니다. 그럼에도 결혼을 위해 기도하면 남편과의 결혼이 잘못된 선택이 아니며 오히려 헤쳐나가야 할 산이라는 생각이 들었습니다. 이왕 이렇게 된 이상 확실히 하나님을 믿는 사람으로 각인시켜야겠다고 생각했습니다.

다행히 남편 집안이 모두 불신자만 있는 건 아니었습니다. 작은 할아버지가 예수를 믿었고 시고모님들도 신앙이 있었습니다. 시부모님도 신앙인에 대해 수용적이셨습니다. 제가 기독교인이라는 사실을 크게 개의치 않으셨고 제 신앙을 존중해 주셨습니다.

결혼식 장소를 의논할 때부터 포용적이셨습니다.

"그래, 어디서 결혼을 했으면 좋겠니? 평소 생각해 둔 곳이 있니?"

저는 서울 종로에 있는 기독교백주년기념관이 좋겠다고 의견을 드렸습니다. 문제는 그곳이 교회라서 주일에는 결혼식을 올릴 수 없다는 것입니다. 월요일에 결혼식장으로 빌려준다는 말씀을 드리며 월요일에 식을 올렸으면 좋겠다고 말씀드렸습니다.

평소 제 성격대로라면 어르신들 의견에 따르겠다고 했겠지만 그날은 달랐습니다. 어려운 예비 시부모님 앞에서 종갓집 맏아들 결혼을 기독교식으로, 그것도 월요일에 하자고 했으니 사실 시댁 쪽에서는 맹랑하게 여길 수도 있습니다. 그런데 의외로 두 분은 흔쾌히 허락해 주셨습니다. 그때 제가 담대하게 제 의견을 주장할 수 있었던 것은 성령님의 도우심 때문입니다. 자신감이 거의 없던 제가 최고의 용기를 내어 그리스도인임을 선포하면서 불신자 가정에 복음의 씨앗을 심게 하려는 주님의 뜻이 아니었을까 생각합니다.

당시 남편은 현대건설에 다니고 있었기에 결혼생활은 안정적이었습니다. 서로 간의 신뢰와 믿음으로 더할 나위 없이 행복했습니다. 남편은 결혼 전 약속대로 교회에 나가 신앙생활도 함께 했습니다. 청년 시절 호기심으로 성경을 통독했던 남편은 복음을 받아들이는 데 거부 반응도 없었습니다.

종갓집 맏며느리라 시부모님과 3개월 정도 함께 살았는데, 시할머니, 시누이, 시동생들과 함께 사는 것이 녹록지 않았습니다. 날마다 일기장에 기도를 쓰며 하나님께 분가하게 해달라고 기도드렸는데, 3개월 후 응답되었습니다. 기도 응답을 받고 나니 과연 주님은 기도하는 대로 들어주시는 분임을 더욱 확신하게 되었습니다. 젊은 시절 고생은 사서도 한다더니, 주님은 우리 가정이 더욱 당신께로 가까이 오게 하기 위해 우리 가정을 만들어 가신다는 사실도 알게 되었습니다.

분가했는데 또 다른 고민거리가 생겼습니다.
"직장을 그만두면 어떨까?"

"좋은 직장을 왜 그만두려고요. 무슨 문제 있어요?"

"그냥 내 일을 하고 싶어서…."

언제부터인가 남편은 사업을 하고 싶다는 이야기를 자주 꺼냈습니다. 저는 안정된 궤도에 올랐는데 그것을 깨는 것이 두려워 말리는 실정이었습니다. 남편은 리더 자질이 많은 사람이었습니다. 기업이라는 조직에서 주어진 일만 하는 것을 답답해한다는 것을 알고 있었습니다. 하지만 신중하고 조심스러운 제 성격에서는 동조할 수 없었습니다. 그저 기도하며 하나님의 뜻만 구했습니다. 결국 남편은 회사를 그만두고 친구와 사업을 시작했는데 1년간 마음고생이 많았습니다. 다행히 다시 중소기업에 다시 입사해 직장생활을 시작했고 인천으로 발령을 받아 효성동으로 이사하게 되었습니다.

가장 큰 고민은 교회였습니다. 결혼한 뒤 남편과 함께 신앙생활 하면서 남편이 교회에 잘 적응하고 신앙이 자라는 중이었는데 교회를 옮기면 괜찮을까 걱정되었습니다. 그리고 어디서 신앙생활을 해야 하나 고민이 되었습니다. 마침 우리와 함께 효성동으로 이사하게 된 교회 집사님이 부평제일교회를 소개해 주었습니다. 작고 아담한 교회는 시골교회처럼 따뜻했습니다. 예배당에 들어가 목사님의 말씀을 듣는데 마음의 평화가 찾아왔습니다.

'아…. 내 교회로구나.'

그날 수요 예배가 끝나고 교회 등록을 마쳤습니다. 신중한 저로서는 아주 신속한 결정이었습니다. 부평제일교회 교인이 되고 얼마 되지 않았을 때, 남편은 지난 5~6년간 계속 이야기를 해왔던 사업을 하겠다며 말했고, 저도 더는 말리는 게 의미가 없을 것 같아 동의했습니다.

중소기업 임원으로 더 나은 생활을 보장받을 수도 있었지만 남편의 꿈을 펼칠 기회를 주어야겠다고 생각했습니다. 안정을 박차고 나와 야전으로 향하는 남편을 위해 기도가 저절로 나왔습니다. "시작은 미약하나 끝은 창대하리라"라는 말씀에 의지해 소박하게 시작한 사무실에 이천휘 목사님께서 오셔서 예배를 드려주셨습니다. 목사님은 한없는 축복을 사업장에 부어 주셨고 우리는 기도에 힘을 얻었습니다.

남편은 직장에서 정밀기계 일을 했기에 그쪽 사업을 시작했습니다. 하루는 남편이 제게 모아놓은 돈이 얼마나 있냐고 대뜸 물었습니다. 초기 회사 설립에 투자하라는 것이었습니다. 다행히 모아둔 자금이 있어 남편 사업에 보탰는데 몇 달 만에 원금을 회수할 정도로 사업은 잘되었습니다. 주님이 축복을 해주셨기 때문입니다.

새로 시작한 정밀기계 사업은 전문적인 기술이 필요했습니다. 하지만 사업을 하다 보면 기술 개발뿐 아니라 영업도 해야 하고 재정적인 지원도 있어야 했기에 저도 사업을 돕기 시작했습니다. 말하자면 경리부장이 된 셈입니다. 부부가 함께 파트너가 되어 일하면서 사업은 더욱 발전해 나갔습니다.

지경을 넓히시고

야베스가 이스라엘 하나님께 아뢰어 이르되 주께서 내게 복을 주
시려거든 나의 지역을 넓히시고 주의 손으로 나를 도우사 나로 환
난을 벗어나 내게 근심이 없게 하옵소서 하였더니 하나님이 그가
구하는 것을 허락하셨더라(대상 4:10)

흔히 야베스의 기도를 축복의 기도로 사용합니다. 사업하는 사람들은 지역을 넓히는 기도, 지경을 넓히는 기도를 하게 됩니다. 그런데 남편 사업을 돕다 보니 지경을 넓히는 것이 그만큼 위험 부담이 크다는 것을 알게 되었습니다. 사업가는 자기가 세운 회사가 성장하는 것을 바라기 마련입니다. 회사가 어느 정도 궤도에 오르자 남편은 회사를 더욱 키울 생각을 했습니다. 남편은 평소 건설이나 경매와 공매 등에 관심이 많아 늘 공부를 했습니다. 그런 그가 어느 날 경매로 나온 김포 공장을 낙찰받고 그곳으로 사업장을 옮겼습니다. 사업 확장의 자리에 당연히 이천휘 목사님을 모셔서 예배를 드렸는데 이번에는 목사님께서 '배가가 되는 축복'을 누리라고 선포하셨습니다.

그 말씀이 현실이 되어 사업이 번창했습니다. 근처에 500평짜리 공장을 또 샀습니다. 갑자기 규모가 커지면서 직원도 두 배로 늘고 거래처 수도, 재정도 급격히 늘어났습니다. 회계 업무를 책임지는 저는 머리가 복잡해졌습니다. 매월 급여 날은 어찌나 그리 빨리 오는지, 하루는 공장 두 군데를 오가며 속으로 투덜댔습니다.

'왜 사업을 확장해서 나를 이렇게 힘들게 하지?'

저도 모르게 원망하는 마음이 생겼습니다. 고개를 푹 숙이고 가면서 투덜대는데 갑자기 또렷한 하나님의 음성이 들렸습니다.

"여기까지 온 것이 네 힘이냐? 네 능력이냐? 내가 한 일이다. 그런데 왜 불평하니?"

그 음성에 저는 그 자리에서 즉시 회개 기도를 했습니다. 하나님의 말씀에 전혀 반박할 수 없었습니다. 그 음성에 저는 그때까지의 부담과 힘듦에서 바로 돌아서 오로지 그분이 인도하시는 대로 가겠다고 고백하며 나아갈 수 있었습니다.

하나님께서는 더 큰 사업으로 지경을 넓혀가셨습니다. 하루는 남편이 대기업을 다니는 선배로부터 정밀기계사업부(LG산전의 호이스트 사업부)를 공개 입찰로 넘긴다는 정보를 얻었다며 사업 확장 문제를 의논했습니다. 그 기업이 구조조정을 하면서 생긴 기회였습니다.

"기도해줘."

남편의 부탁을 받자 너무 큰 사업 규모라 두려운 마음이 들었습니다. 담임 목사님께 말씀드렸더니 목사님께서는 "당연히 해야지" 하셨습니다. 목사님의 담대한 말씀에 용기가 났습니다.

남편과 함께 기도하며 LG산전의 호이스트 사업부 인수를 위해 제안서를 제출했습니다. 규모가 워낙 크고 재정도 컸기에 겁이 났지만, 지금까지 우리 사업을 이끌어 오셨다는 하나님의 음성에 힘입어 기도하며 기다렸습니다. 그리고 얼마 후, 우리 회사가 선정됐다는 소식이 났습니다. 내로라하는 기업들과 경쟁했기에 낙관적이지 않았는데, 기업에 맞는 제안서를 제출한 덕분인지, 입찰가가 가장 낮았는데도 선정되었습니다. 불가능해 보이는 일을 맡겨주신 것입니다. 남편도 저도 이건 하나님께서 하신 일이라 확신했습니다. 그 이후 LG산전 공장이 있는 천안에서 기계를 들여오는 과정이 이어졌습니다. 큰 트레일러 백여 대가 동원되어 기계를 옮기는 모습만 봐도 사업의 규모가 얼마나 커졌는지 체감할 수 있었습니다.

사업 규모는 예전보다 몇 배나 확장되었습니다. 지켜야 할 기준도 엄격해졌습니다. 재정 규모도 단위가 달라졌습니다. 갑자기 회사가 커지면서 동종업계에서 시기와 질투도 받았습니다. 그 속에서 우리는 하나님의 자녀로서 정의롭게 사업하자고 했습니다. 이 기준을 세우고 나가니 어려운 일이 있을 때도 피할 길을 주셨습니다. 특히 물질적인 어려움을 겪을 때면 생각지도 않은 사람들을 통해 해결해 주셨고, 적절한 지혜를 허락하셔서 피할 길을 주셨습니다. 사업이 확장된 과정을 돌아볼 때, 주님의 은혜가 아니고서는 이룰 수 없었음을 고백하게 됩니다. 기계 산업의 추세에 따라 사업을 콤팩트하게 만들고 투자 가발 사업 쪽으로도 넓혀가는 지금까지 주님은 우리 사업을 이뤄가셨습니다.

순종으로 받은 축복

남편을 도와 사업을 하면서도 저는 교회에서의 직분을 감당하는 일에 최선을 다하려 했습니다. 김포로 거주지를 옮겼지만 교회를 인천으로 오는 게 즐거웠고, 속도원들과 예배드리는 게 좋았습니다. 권사 직분을 받은 뒤로 사업을 도우면서도 찬양대장으로, 사회봉사부장으로 총여선교회 회장, 관리부장으로 신나게 일했습니다. 다만 5년 전 장로가 되고 나서는 무거운 책임감에 슬럼프가 잠깐 오기도 했습니다.

'과연 내가 이 직분을 감당할 수 있을까?'

'주님은 이 중책을 왜 맡겨주셨을까?'

하지만 그 가운데에서도 주님께서 부족한 저를 쓰실 거라는 위로로 다시 힘을 낼 수 있었습니다. 남편의 사업이 조금씩 정리되면서 저 역시 교회 일에 더 집중하게 되었습니다. 때마침 국외

선교 부장을 맡으면서 진행한 사모힐링여행은 제게 큰 위로와 도전이 되었습니다.

교회가 39주년을 맞았을 때, 담임 목사님께서 농어촌 교회를 리모델링해주자고 제안하셨습니다. 우리 교회는 농촌교회 출신이 많았고, 그들이 추천한 여러 교회 중에 정선의 한 교회가 선정되었습니다. 교회 리모델링 작업에 성도들의 재능 기부가 이어졌습니다.

목사님께서는 시골에서 목회하시는 목사님 사모님들을 위한 여행을 계획하셨습니다.

"장로님, 사모힐링여행을 진행해주세요. 국외선교부에서 맡아주시면 좋을 것 같아요."

사모힐링여행이 기획되었고, 저는 그 행사에 동참하게 되었습니다. 전국에서 참석을 희망하는 사모님들을 모아 팀을 짰습니다. 우리 교회가 중국 선교를 하고 있기에 중국 청도로 여행지를 정했습니다. 모든 여행 경비와 여행 일정까지 꼼꼼하게 짰기에 사모님들은 몸과 마음 모두 가볍게 참석할 수 있었습니다. 사모힐링여행은 은혜로웠습니다. 이천휘 목사님께서 여행 가이드가 되어 직접 친절하게 설명을 해주시고, 시간마다 예배로 영을 충만하게 채워주셨습니다. 저는 도우미 역할에 최선을 다했습니다. 도서 산간에서 어렵게 목회하시는 목사님을 도우셨던 분들이라 새로운 문화와 문명에 익숙지 못했습니다. 무엇보다 마음 놓

고 자신의 시간을 사용할 수 없었습니다. 그래서인지 사모님들께
서는 여행 내내 소녀처럼 즐거워하셨고 감격하여 눈물을 쏟으셨
습니다.

"정말 감사해요. 누가 시킨 것도 아니그 해야 할 일도 아닌
데…. 아무 관련 없는 우리를 위해 이렇게 굴질과 마음으로, 영적
으로 베풀어주시니 감사해요. 주님이 부평제일교회를 통해 우리
에게 위로를 주시네요."

아쉬운 여정을 마무리하던 날, 눈물을 흘리며 고마움을 표현
하는 사모님들의 굵은 손마디의 손을 잡으며 저도 마음이 울컥하
여 눈물을 쏟았습니다. 순간 그 자리에 저를 세워주신 주님께 감
사했습니다. 장로라는 자리가 무겁고 책임이 버거워 힘겨워했던
마음이 사라졌습니다. 제가 있어야 할 자리에 있게 하신 주님의
은혜에 감사했습니다. 나누는 기쁨이 얼마나 큰지 확실하게 느낄
수 있었습니다. 그로 인해 직분이 주는 무게감에서 자유로워질
수 있었습니다.

이제 저는 장로 5년 차입니다. 제게 주신 하나님의 은사를 더
아름답게 쓰기를 소망합니다. 순종하고 베푸는 은사를 주신 덕분
에 지금까지 저희 가정은 큰 어려움 없이 순탄하고 풍족한 삶을
살았습니다. 아들과 며느리 손녀까지 얻고 신앙의 가정을 이루게
하셨습니다. 교회와 말씀에 순종하며 성도들을 섬길 수 있기를
기도합니다. 가능한 모든 성도를 포용하고 제 것을 나누기를 기

도합니다. 은사가 은사답게 쓰일 수 있기를 소원하며 모든 영광
을 주님께 올려드립니다.

예수님을 사랑하는 사람들

엮은이 | 부평제일감리교회 창립 제40주년 기념사업위원회
펴낸이 | 박상란
1판 1쇄 | 2018년 11월 20일

펴낸곳 | 피톤치드
교정교열 | 유선주, 강예서   디자인 | 황지은
경영 · 마케팅 | 박병기

출판등록 | 제 387-2013-000029호
등록번호 | 130-92-85998
주소 | 경기도 부천시 원미구 수도로 66번길 9, C-301(도당동)
전화 | 070-7362-3488
팩스 | 0303-3449-0319
이메일 | phytonbook@naver.com

ISBN | 979-11-86692-27-1   (03230)

「이 도서의 국립중앙도서관 출판예정도서목록(CIP)은 서지정보유통지원시스템 홈페이지(http://seoji.nl.go.kr)와 국가자료공동목록시스템(http://www.nl.go.kr/kolisnet)에서 이용하실 수 있습니다.(CIP제어번호: CIP2018035716)」

※ 가격은 뒤표지에 있습니다.
※ 잘못된 책은 구입하신 서점에서 바꾸어 드립니다.